EL PERRO VIAJA CONMIGO

(CÓMO LOGRAR BIENESTAR Y FELICIDAD)

ExLibric

GAETANO CINQUE

EL PERRO VIAJA CONMIGO

(CÓMO LOGRAR BIENESTAR Y FELICIDAD)

EXLIBRIC

ANTEQUERA 2024

EL PERRO VIAJA CONMIGO
© Gaetano Cinque
Diseño de portada: Dpto. de Diseño Gráfico Exlibric

Iª edición

© ExLibric, 2024.

Editado por: ExLibric
c/ Cueva de Viera, 2, Local 3
Centro Negocios CADI
29200 Antequera (Málaga)
Teléfono: 952 70 60 04
Fax: 952 84 55 03
Correo electrónico: exlibric@exlibric.com
Internet: www.exlibric.com

ISBN: 978-84-10297-41-8
Depósito Legal: MA 2175-2024

Impresión: PODiPrint
Impreso en Andalucía – España

Nota de la editorial: ExLibric pertenece a Innovación y Cualificación S. L.

GAETANO CINQUE

EL PERRO VIAJA CONMIGO
(CÓMO LOGRAR BIENESTAR Y FELICIDAD)

A Loretta

Nota del autor

Este relato se fundamenta en hechos concretos que han ocurrido en realidad. Sin embargo, toda la novela es ficción, porque el autor ha reconstruido y narrado los hechos de manera libre para apoyar su imaginación literaria.

«Mi primera intención fue estudiar la historia bajo rayos gamma, es decir, atendiendo a las fuerzas que provocan la emergencia de los hechos: pulsiones, deseos, emociones, pasiones, expectativas. Pero, después de tanteos previos, llegué a una conclusión que me resultó incómoda: todas esas motivaciones estaban movidas por un dinamismo común, un vector convergente en el infinito: la aspiración, tal vez no consciente, a la felicidad».

J. A. Marina, *El deseo interminable* (Ariel, 2022)

1

Un Parson para viajar

Cuando murió Tess, nuestra querida golden retriever, mi mujer propuso no privarnos de la compañía del perro, sino conseguir a un perrito pequeño.

—Fue un dolor muy grande que no quiero repetir cuando pierdas a tu mascota —dije a corazón abierto—. No quiero compañía de perros, pues deseo hacer viajes largos en aviones, y el perro es un obstáculo. No puede viajar con nosotros en la cabina. Yo nunca lo dejaría en la bodega de avión. Además, nunca querría dejárselo a nuestros parientes o amigos.

—Tampoco yo pienso dejarle a mi mascota a nadie —respondió mi esposa con confianza— ni pienso dejar de viajar. Por eso es muy importante el tamaño del perro que escojamos, ya que al final es muy importante para mí tener a un perrito, como bien escribe el zoólogo y etólogo Konrad Lorenz en su ensayo *Y el hombre conoció al perro*, en la vida humana es fatal que toda alegría se pague con un tributo de dolor, y el que se prohíbe las pocas alegrías por miedo a tener que pagar la cuenta que el destino le presentará es un pobre mezquino y de mente estrecha.

No supe qué responder. La amistad con un perro era fundamental para Julia, mi esposa. ¡Y para mí también!

Por eso fuimos en busca de la raza y del tamaño de nuestra nueva mascota.

El primer problema que nos planteamos fue si el perro debía ser recogido de una perrera o de una granja de perros de pura raza.

Mi mujer me dijo:

—Me gustaría llevar a una mascota pequeña, a un cachorrito, de unos meses, para que enseguida viva con nosotros y se acostumbre a nuestra vida, y sobre todo a viajar.

Por eso acudimos a un criadero de perros de pura raza después de haber decidido la raza.

Inmediatamente acepté, pero para mí lo difícil fue establecer la raza, una vez aceptado el tamaño.

Mi mujer agregó:

—En internet estoy buscando el carácter del perro.

—¿Qué raza estás viendo? —pregunté con preocupación.

—Estoy pensando en la raza parson.

—¿Y cómo es esa raza?

—Es un perro pequeño, pero no demasiado y con carácter ágil y muy curioso. Definitivamente listo para viajar.

—¿Adónde vamos a conseguirlo? ¿Ya conoces la granja de estos perros de pura raza?

Mi mujer respondió:

—Sí, en la ciudad Vicenza, en la región Véneto. Hay pocas granjas de parson en Italia.

Mientras íbamos a Vicenza, le pregunté a mi esposa:

—¿Ya tienes una idea del país a donde queremos ir de viaje con nuestro cachorro de raza parson?

Para llegar a Vicenza desde Brescia se usa la autopista A4, que tiene mucho tráfico. Mi mujer conducía el coche con juicio.

—En primer lugar —me respondió con mucha tranquilidad—, vamos a ver si el perro no sufre de mareos y viaja con gusto.

—Bien. ¿Qué pasa si el perro no sufre mareos en el coche?

—Tengo muchas ideas y muchos planes de viaje. Vamos por partes. Ahora llegamos a la granja de los parson, y mientras tanto pensemos en el nombre que queremos ponerle a nuestro cachorro.

No tenía ninguna idea. Para mí el nombre seguía siendo el de Tess, pero era el nombre de una perra. Así que no sabía.

Le pregunté a mi esposa:

—¿Tienes algún nombre en tu cabeza?

Julia fue sensible a nuestra nostalgia. Me dijo:

—Mantengamos la sílaba «te» en el nombre, por supuesto no Tess, sino Teddy, un nombre adecuado para un perro macho.

Inmediatamente me gustó mucho el nombre Teddy.

Ya en la perrera el dueño fue muy agradable y nos llevó a ver a los perros parson que había en los recintos.

Eran animales explosivos, saltaban de felicidad al acercarse a nosotros. Una bienvenida verdaderamente extraordinaria.

—Lo que veis no es nada. Ahora os vamos a presentar a los cachorros de un par de meses, entre los se encuentra tu perrito.

El dueño nos llevó frente a un garaje, nos dejó por un momento y luego llegó no con jaulas, como yo pensaba, sino rodeado de muchos perritos que iban de aquí para allá. Una maravilla de placer y juego.

De repente, Aurelio —así se llamaba el criador— tomó a uno de los cachorros y preguntó a quién se lo debía dar.

Di un paso adelante y estiré a mis brazos.

—Este es tu perro —dijo mientras me entregó al cachorro—. ¡Mira qué guapo es!

Mi esposa preguntó:

—¿Cuánto pesa?

—De siete a nueve kilos, no más —respondió Aurelio—. Este cachorro que os doy parece que va a ser grande.

—Estamos al límite —dijo mi mujer un poco preocupada.

—¿Por qué habla de límite? —preguntó el criador.

—Por viajar en avión con el perro.

—Hay aerolíneas que permiten hasta diez kilos —precisó Aurelio.

—Lo sé, pero diez kilos incluido el transportín de mascotas —agregó mi esposa.

—Por supuesto. Sin embargo, hay también un poco de tolerancia.

—En verdad, eso es lo que espero —Julia confesó.

Mientras el cachorro quería bajar para jugar con sus hermanos, el criador preguntó:

—¿A dónde quiere ir con un perro de unos meses?

—A las islas Canarias, pero ahora no.

Ahora también yo sabía el destino del viaje con Teddy, el cachorro que estábamos a punto de llevarnos a casa.

—¿Y cuándo quiere viajar?

—La próxima Navidad —respondió Julia, sin preguntarme si estaba de acuerdo.

Mientras tanto el perrito en el suelo jugaba con mucha felicidad.

—¡Bueno! —dijo Aurelio—. Ahora estamos en junio, seis meses para Navidad. Esto significa que tu perro, que ahora tiene tres meses, tendrá nueve meses en el momento del viaje en avión.

—Lo sé —mi mujer especificó—. La aerolínea Neos admite hasta diez kilos para llevar al perro con el viajero en la cabina y hay vuelos desde Malpensa a Milán y desde el aeropuerto Valerio Catulo de Verona.

Me sorprendieron los muchos detalles que mi esposa ya había recabado.

—Bueno —repitió Aurelio—, vamos ahora para confirmar el contrato. ¡Toma a tu perro! —me dijo—, y venid conmigo a la oficina.

—¿Ya sabes cuánto quiere el criador? —le pregunté a Julia con voz baja.

—Por supuesto, me lo dijo por móvil cuando concertamos la cita: mil doscientos euros. ¿No te avisé?

—No —respondí, y luego pensé que habría sido mejor llevarnos al perro de la perrera municipal. Pero inmediatamente borré este pensamiento, cuando volví a tener a Teddy en mis brazos.

Por un cachorro así cualquier precio habría sido justo. «¡Bueno, entonces!», me dije a mí mismo.

Después de despedirnos del criador Aurelio, iniciamos el camino de regreso. Pensé en el desapego del cachorro de su familia biológica.

—¿Está quejicoso nuestro perrito, alejado de sus padres? —le pregunté a mi mujer, que aclaró:

—Ahora Teddy tiene a nueva familia. Siempre se quedará con nosotros. Viajará con nosotros incluso en avión.

En los primeros días de octubre de 2018, Julia confirmó el vuelo de Malpensa a Milán con destino a Fuerteventura, en las islas Canarias. La reserva del vuelo se refería a dos pasajeros más una mascota en cabina, teniendo en cuenta el límite de diez kilos para el perro con transportín.

La fecha del viaje fue el 20 de diciembre de 2018, para que mi esposa pudiera usar días libres en su trabajo durante el periodo de Navidad. Yo, de lo contrario, no tuve problemas, porque ya hacía muchos años que estaba jubilado —mi trabajo se acabó el 31 de agosto de 2012—.

—Entonces iremos a las islas Canarias junto con nuestro perro. Dos semanas en Navidad. ¿Porque este es el destino del viaje, verdad? —pregunté.

—En primer lugar, tú sabes que quiero países cálidos. El frío no me gusta. En segundo lugar, podemos pasear con Teddy. Podemos caminar por senderos de arena en Fuerteventura y, durante la segunda semana de vacaciones, que estaremos en Lanzarote, cerca de los volcanes. He leído que se pasea con mucho gusto a lo largo de Charco del Palo, que se encuentra en el municipio de Haría, en Lanzarote. Entre las dos islas, Fuerteventura y Lanzarote, nos moveremos con un coche que alquilaremos en el aeropuerto de Fuerteventura y que lo dejaremos en el de Lanzarote.

—Veo que ya has previsto todo. Y el perro ¿estará de acuerdo? —pregunté con una sonrisa maliciosa.

—El perro hará todo lo que hacemos nosotros —respondió mi esposa sin enfadarse—. De ahora en adelante prestemos atención a los kilos de la mascota. No debe superar los nueve kilos, la canasta que sostiene al animal pesa un kilo, así llegamos a diez kilos, los autorizados para llevar al perro con nosotros en cabina.

—¡Estamos! —aseguré feliz.

—Eh, no, querido. Esta mañana puse Teddy en la balanza que se inclinó hacia los nueve kilos y trescientos gramos. Debe adelgazar. Él debe perder peso.

—¿Qué pasa con la tolerancia? —sentí ganas de preguntar.

—¡No podemos confiar en la aerolínea!

Entonces empecé a jugar con Teddy en el patio, lanzando la pelota como él había aprendido hábilmente para devolvérsela a su amo. Así durante muchas horas al día.

Estaba convencido de que mucho movimiento haría que el perro adelgazara. Y para él no fue un sacrificio, porque le encantaba jugar durante mucho tiempo.

¡Incansablemente!

Era cierto, me dije, que los perros de raza parson son animales muy dinámicos.

En realidad, después de un mes, Teddy había perdido unos gramos.

Sin embargo, no debo olvidar que mi esposa había sometido al perro a una dieta muy estricta.

No puedo decir cuál de los dos remedios fue más efectivo.

A decir verdad, ambas atenciones habían tenido el efecto de llevar el peso de Teddy a, exactamente, nueve kilos.

Con la canasta sumaba el límite de los diez kilos. Se le dije a mi mujer con gran alegría.

Ella respondió sucintamente:

—¡Esperemos que sí!

A las dos de la madrugada del 20 de diciembre de 2018 nos esperaba un taxi frente al nuestro edificio.

Cuando el chófer vio que también tenía a un perro junto con las maletas, dijo:

—¡No me avisaste que también un perro viajaría con vosotros!

—¿Cuál es el problema? —preguntó Julia.

—El problema es que el perro me ensucia el carro con pelos —respondió el taxista sin cortesías.

—Vale. Entonces eso significa que llevaré al perro en mis brazos —aseguró mi mujer inmediatamente.

—Aun así, hay problemas. ¿Por qué no dejas al perro en casa? —insistió el hombre, que agregó—: ¿Cómo viaja la mascota en avión? ¿Permite que vaya en la bodega? Es muy malo para el perro.

Julia en este punto parecía muy enojada.

—Esos son temas que no le deben preocupar. El perro viaja conmigo. Ahora en taxi tengo al perro en mis brazos, y le garantizo que ni siquiera un pelo quedará sobre el asiento. Esté tranquilo, usted. —El taxista se rindió.

—Vale. Subid al coche junto al perro. Pero, como han dicho, en brazos. Os llevo al aeropuerto como habéis pedido.

El viaje en taxi al aeropuerto siguió unas horas, en absoluto silencio. Teddy, como si entendiera, se quedó quieto.

Llegados al aeropuerto, cuando di los euros de la carrera al taxista, él dijo:

—¡No habría imaginado nunca que el perro fuera así de tranquilo! —Y después, sonriendo, añadió—: Que tengáis buen viaje y felices vacaciones junto con el perro.

Mi esposa no dijo nada, mientras que yo agradecí amablemente, y después ella apuntó:

—Mejor no ofrecer confianza a quien no ama a los animales.

Estábamos en aeropuerto de Malpensa. A pesar de las horas de la madrugada, las idas y venidas de pasajeros en los pasillos del aeropuerto estaban exorbitantes.

Pero a mí me gustaba mucho aquel montón de gente. Me hacía estar bien, feliz.

¡Más aún teniendo conmigo a la mascota!

Además, el pensamiento de que pronto yo vería nuevas tierras y paisajes de otra latitud me encantaba.

Todo me sonreía durante aquella madrugada.

Quería que también el perro fuera feliz, por lo que, cuando mi esposa me dijo de poner a Teddy en la canasta, yo respondí:

—No ahora. Mientras hacemos el procedimiento para el embarque, él andará con la cuerda. Antes de subir al avión lo pongo en la canasta.

Mi mujer desaprobó con la cabeza, pero no añadió nada.

Nos pusimos en cola.

Me alegraba tener en la mano izquierda la canasta vacía y en la derecha la cuerda con que el perro estaba conmigo tranquilo, mientras que mi esposa arrastraba con desgaste las dos maletas.

Teníamos que llegar al emplazamiento, donde se entregaban las maletas y el perro debía ser pesado.

La cola avanzaba con pachorra, pero no me provocaba ningún problema porque aún faltaban dos horas para el despegue del avión.

Por supuesto, mi perro y yo no pasábamos desapercibidos.

—¿Cómo viaja su perro?

La pregunta fue de una mujer muy atractiva. Me quedé atraído por su hermosura femenina y no vi su uniforme de la aerolínea Neos.

—¿Cómo viaja su perro? —repitió la mujer, molesta por no haber respondido. Mi esposa estaba muy atrás y no podía escuchar nada.

Tenía que responder yo:

—El perro viaja conmigo.

—¿Y cómo? Repito.

—También yo repito: ¡conmigo!

—Si anda en la bodega, esta canasta no es regular.

—Mi perro no irá jamás a la bodega de un avión.

—¿Entonces?

—Entonces viene conmigo en la cabina como está resuelto en la compra de los billetes de avión.

La azafata se quedó a ver a lo largo y a lo ancho primero al perro y luego la canasta sin decir palabras. Finalmente mi esposa, con las maletas, me alcanzó. Preguntó:

—¿Qué pasa?

Respondí:

—Nada. Esta azafata quiere saber cómo viaja el perro.

—¿Le has dicho que en la canasta con nosotros?

—Sí, pero ahora está aquí mirando al perro y la canasta sin decir nada.

—¡Sígueme! —de repente la azafata me ordenó.

—¿Por qué? —yo pregunté.

—Tenemos que pesar al perro —respondió con tranquilidad.

—¿Y la entrega de las maletas? —pidió mi mujer.

—Después lo haréis todo conmigo —dijo la azafata, que se alejó, y nosotros la seguimos con el perro, la canasta y las maletas.

Así me gustó dejar a la cola con mucha satisfacción.

Llegados a un emplazamiento sin plantilla, la azafata me ordenó que pusiera al perro sobre la balanza para ser pesado.

—Nueve kilos exactos —sentenció la mujer de la aerolínea Neos, que a mis ojos volvió a ser agradable sensualmente, pues añadió—: Pon ahora al perro en la canasta.

Lo que fue más difícil, porqué mi mascota no quería entrar en la canasta.

Entonces fui yo a tomarlo y a empujarlo hasta cupiera. Todavía Teddy intentaba a menudo a salir de la bolsa.

—Generalmente mi perro está bien en la canasta —dije, empezando a inquietarme por la situación engorrosa.

—Te dije de tener al perro ya desde antes en la cesta —susurró al oído mi esposa.

—¡Basta ya! —dispuso la azafata y se apartó.

Fueron ratos de incertidumbre. La azafata no volvía, la veía con su móvil al oído, pero no hablaba, escuchaba solamente.

Empezaba a estar apurado, igualmente mi esposa. Nuestra inquietud era perder el vuelo. Mientras tanto, la mujer de Neos, que ahora no tenía para mí ni feminidad ni sensualidad, sino el rostro intransigente de inspectora de aerolínea, se había ido por completo y no la veíamos más.

Así toda la situación estaba empezando a ser un infierno para nosotros. Nos decíamos que habríamos perdido el vuelo a las islas Canarias.

Al final llegó el mazazo muy doloroso.

—El perro no puede viajar contigo en la cabina del avión —me dijo con aplomo la azafata, que de repente reapareció—. Si tomas una jaula regular puede viajar en bodega, de lo contrario, el perro no sube al avión y se queda aquí, mientras que vosotros podéis subir regularmente.

—Yo jamás dejaría a mi perro en el aeropuerto —declaré en un arrebato de ira.

—Puede dejar a su perro a un familiar que usted haga venir aquí al aeropuerto —sugirió la impasible azafata.

Mi esposa, con más racionalidad, preguntó:

—Pero, dime: ¿la mascota no cumple todo lo que se requiere para viajar con su dueño en la cabina de avión?

—Por el peso no hay problema, ya que pesa menos de diez kilos; lo que no es regular es el perro en la canasta: esta es muy pequeña para él. El perro sufre al estar encerrado en la canasta. Y eso va en contra de los derechos de los animales.

Me parecía una locura. ¿Cómo llevar consigo al perro va en contra de los derechos de los animales y abandonarlo en el aeropuerto no?

—Por favor, ¿puedo hablar con su superior? —pregunté furibundo.

—No, lo siento. Aquí decido yo, no hay nadie superior. El perro no puede viajar contigo.

—¿Por qué no? —protesté de una manera cada vez más emocionada—. El perro debe viajar conmigo.

—Basta. De lo contrario, me veré obligada a llamar a la policía.

La azafata apareció resuelta.

Mi esposa terció en la conversación.

—Si usted no nos permite subir al avión perdemos nuestra reserva por habitación en Canarias.

—Yo no les impido a vosotros subir, pero vais sin el perro.

—¡Sin perro, para nosotros, es igual que impedirnos subir! —puntualizó mi mujer.

Por el rabillo del ojo vi que la cola para abordar había terminado y que la estación estaba cerrada. En el emplazamiento había nadie más.

—¿Y nuestro embarco? —grité desesperado.

—Lo siento —dijo la mujer de aerolínea Neos—. Habéis perdido demasiado tiempo —añadió.

—Ha sido violencia contra nosotros. Nos han impedido volar —se quejó mi esposa.

—Yo protesto oficialmente —dije—. Lo haré un caso nacional.

—No me importa —señaló la azafata—. Desde ahora, para todo, pónganse en contacto directamente con la aerolínea Neos.

La azafata desapareció y no había nadie alrededor.

Estábamos desesperados, Julia comenzó a llorar amargamente. Teddy nos miraba sin entender lo que había pasado.

Nos sentamos en el suelo en un rincón de la sala del aeropuerto y, como dos clandestinos a los que se les impide intentar viajar, tuvimos que decidir qué hacer.

Saqué el móvil del bolsillo del pantalón y marqué el número de la aerolínea Neos, que había buscado y encontrado en el documento de viaje, y tras mucho tiempo, pude hablar por teléfono con un funcionario de la empresa Neos.

—Lo siento por lo que ha pasado, pero podíais viajar en el avión, sólo el perro no podía. Por eso la aerolínea Neos paga el billete del avión del perro, pero no el de los dos pasajeros humanos.

Ante esta información me volví tosco y grosero. Interrumpí la llamada y colgué enojado.

Traté de consolar a Julia.

—Tenemos dos semanas de vacaciones, intentémoslo con otro vuelo.

—Hay vuelos de Neos cada semana, el lunes —respondió triste entre lágrimas—. Tendremos que esperar a la semana próxima y ver si están disponibles los asientos. Pero tendremos que pagar de nuevo los billetes. Es verdaderamente una mala suerte. ¿Y si ocurre lo mismo con el perro? Estoy cansada. ¡Basta ya! Me quedo en casa y adiós a los viajes junto con perro.

Mi esposa estaba muy decepcionada. A mí me tocó relanzar las vacaciones. Por eso le presenté mi estratagema.

—Mi amor, escucha atentamente. En primer lugar, cambiamos de aeropuerto. No Malpensa, sino Valerio Catulo en Verona. En segundo lugar, venimos con el perro ya cerrado definitivamente en el transportín. No deben ver al perro afuera. Tercero, ¡Dios nos ayude! No podemos renunciar al viaje por la maldad de una mujer y sus prejuicios hacia los animales.

Julia pareció alentada. Dijo:

—Ahora preparamos el regreso a nuestra casa y llamamos al taxista, el mismo que nos trajo aquí. Al menos no tenemos que pelearnos por el perro en el coche otra vez.

El regreso a nuestra casa en Brescia no presentó ningún problema. Fue un regreso silencioso y triste. Ninguno de los dos tenía ganas de hablar.

El taxista también guardó silencio. No hizo ninguna pregunta sobre el viaje.

Los días de la Navidad nos vieron ocupados preparando el nuevo viaje en avión, esta vez desde aeropuerto de Verona.

Julia volvió a comprobar el peso del perro, aunque no había sido el problema que nos había impedido volar.

Por suerte, encontramos los dos últimos asientos del avión que nos permitían llevar al perro con nosotros según las normas de la aerolínea Neos. Se nos negó la posibilidad de reembolsar los gastos del vuelo anterior, como ya nos habían informado, por lo que volvimos a comprar los billetes, salvo el del perro.

¡Todo estaba listo para el nuevo intento de volar con el perro!

En medio de la noche vino a recogernos el mismo taxi, cuyo chófer esta vez fue muy amable y sonriente.

—Esta vez la suerte os ayudará. ¡Tenéis que confiar! —dijo a la salida.

El aeropuerto Valerio Catulo no es muy grande, pero es acogedor.

Al amanecer no había un montón de gente como en Malpensa, y todo parecía muy tranquilo.

La cola de embarque no fue muy larga, todo se veía bien. Me sentí alentado.

Teddy estaba tranquilo en el transportín bien cerrado. Parecía haber un perro muy pequeño en la canasta.

Cuando la azafata me dijo que pusiera el transportador en la balanza, tuve miedo de que luego me pidiera que sacara al perro de la canasta.

—Vale —aseguró la mujer de Neos—, pesa exactamente diez kilos. Puede embarcar con su mascota en la cabina. ¡Buen viaje!

Fue una liberación. Mi esposa y yo nos abrazamos.

Y adelante hasta la salida para abordar el avión.

Cuando el avión despegó tras la fuerte aceleración de los motores, Teddy quiso salir del transportador y subirse a mis brazos.

Mi esposa inquieta me dijo:

—No puedes tener al perro en tus brazos fuera de la cesta. Ahora hay un problema.

—No lo creo. ¿A quién hacemos daño?

Una joven azafata muy hermosa y elegante me miró y sonrió. Luego dijo:

—El perro es como un niño. Tiene miedo.

El vuelo duró unas cuatro horas.

Todo el tiempo el peluche permanecía en mis brazos, mientras mi esposa de vez en cuando me invitaba a cerrarlo en el transportador.

Pero todos mis intentos fueron bloqueados por el perrito con una fuerte resistencia.

En mis brazos Teddy era bueno y no ladraba.

Para mí fue un viaje maravilloso. Teddy me dio confianza y por primera vez el avión no me asustó. Se lo dije a mi esposa.

—No exageres ahora —respondió—. No olvides que aún nos queda el viaje de vuelta. Una vez más, tendremos preocupación y tensión en el aeropuerto de Lanzarote.

Comenzaba nuestra aventura en las islas Canarias. Aterrizamos en Fuerteventura, que fue nuestra primera isla canaria que conocimos.

Desde el avión fue un espectáculo excepcional. Todo lo que vimos estaba fuera de la realidad. Predominó el color marrón y las blancas dunas se destacaron nítidas.

Y fueron las dunas las que crearon el primer problema con el perro en Fuerteventura.

Quería ir con Teddy sin correa por un camino por las dunas de Corralejo. Mi mujer me dijo:

—Está prohibido llevar a perros por la arena de las dunas.

Pregunté:

—¿Por qué?

—Porque es un parque natural. Hay un equilibrio que exige respeto. El perro puede romper este equilibrio.

—Sin embargo, una distancia corta no causa daños. Vamos un rato.

De mala gana, Julia detuvo el coche y aparcó a un lado de la carretera y adelantamos por las dunas de Corralejo, dejando al perro libre.

Inmediatamente llegó un guarda forestal. Me prohibió el paso, y gritó:

—¡No, el perro no! No puede ir el perro, ni siquiera con la correa.

Mi mujer había tenido razón. No supe qué contestarle al guarda forestal.

Podía contestar que estaba feliz con el perro libre en la arena, y que no era la misma felicidad sin el perro.

El guarda no lo habría entendido.

Sujeté al perro y volví a la carretera para subirme al coche.

En el puerto de Corralejo cogimos el ferri para alcanzar la isla de Lanzarote.

Al subir al barco le puse el bozal al perro, que estaba con correa, y caminé con mi mujer hasta la sala de navegación.

Pero inmediatamente una sirvienta me gritó:

—El perro tenía que estar en el transportín.

Y así no me quedó más remedio que meter al perro a la fuerza en el transportín, que para mí era como una jaula.

Fue una navegación triste. Mi esposa me preguntó:

—¿Qué te pasa?

—¡Teddy no puede compartir nuestra felicidad!

—Sin embargo, se queda con nosotros. ¿No es suficiente?

—¡No! Porque cualquier limitación es como si fuera contra mí.

—No te puedes identificar con el perro así. El perro es un animal y tú un humano.

—Todos somos animales. Antes que humanos, somos animales.

Mi esposa estaba molesta. No le gustaba que yo la contradijera, porque ella también tenía mis pensamientos estrictos.

En la isla de Lanzarote fue otra historia. Ya como se mostraba la isla era encanto para nuestros ojos y también, creo, para los ojos y el olfato de nuestra mascota.

Playa Blanca nos acogió con una luz magnífica y diáfana. El paseo en la orilla, junto al mar y las playas, nos deleitó.

El perro iba suelto por el camino y nadie en esos momentos protestaba en su contra porque no estuviera con correa.

Nuestro destino en Lanzarote era Charco del Palo, donde mi mujer había reservado un pequeño piso para pasar las vacaciones por una semana solo, porque la maldad humana se había robado la otra semana.

—¿Te diste cuenta de los paisajes extraordinarios que muestra esta isla? —le dije a mi mujer, que tenía mucho cuidado al conducir el coche.

—Sin dudas —contestó Julia—. Lanzarote es una isla única, es decir, abstracta, imaginaria, con todas las casas blancas y pequeñas.

—A mí me encanta —añadí— el perfil de los volcanes y sus colores en contraste con el cielo.

—Esta isla es así —me informa mi mujer, que parecía documentada— por César Manrique, el artista lanzaroteño del siglo pasado, que creía en el arte conectado con la naturaleza y luchó mucho para defender el medio ambiente de la agresión del turismo de masas con monstruos de cemento.

—Yo también quiero a la naturaleza. Es la naturaleza —me abrí a decir verdad— el sentido de la vida, y no la urbanización, que no hace vivir serenamente, produce caos. Nuestro perrito también quiere naturaleza para sus paseos, sus juegos y por sus olores.

—Mira —dijo Julia—, Charco del Palo, donde he alquilado el piso, es un barrio aislado en la naturaleza. Yo creo que Teddy allí estará muy feliz. La azafata de Malpensa no entendió qué es la felicidad para el perro.

—Estoy convencido —agregué—. La felicidad de tu animal es también la tuya. Lo que me duele es que no todos la tienen en cuenta. La felicidad del animal es algo inconmensurable, abre la puerta al instinto. Lo que hoy necesitamos es, en realidad, volver a los días de los orígenes, cuando éramos no *Homo sapiens,* sino *Australopithecus.* Amor grande por la naturaleza y el mundo de los animales. El instinto significa cariño y alegría.

—Con respecto a este asunto —subrayó mi esposa—, no olvides que el perro es como un niño que quiere cura y atención. Y esto no es una carga, sino un antídoto en contra de la melancolía, como un verdadero psicoanálisis.

—Para mí, el perro, más que un hijo, es un gran y sincero amigo. Estoy contigo en que el perro necesita atención. Ahora estoy encantado de estar aquí contigo y poder discutir de la importancia de la mascota que está con nosotros. Ya ahora pienso en cuándo podremos volver a esta estupenda isla. También con la idea de seguir por una temporada más larga.

—Tranquilo, tranquilo, querido. Tenemos siempre el problema del vuelo en avión. Por el momento, gocemos de estas cortas vacaciones. Después pensaremos en la vuelta y ya después en viajar de nuevo con nuestro perro para a esta isla de las Canarias.

Mi mujer tenía, como siempre, razón, así que me callé y seguí mirando los volcanes y las palmeras que, majestuosas, descollaban ante nuestros ojos.

2

Vacaciones en Charco del Palo

Fueron días muy agradables los que pasamos en Charco del Palo. Desafortunadamente, fueron pocos para gozar durante más tiempo de los paisajes surrealistas.

Charco del Palo es un sitio más desértico; el pueblo, muy sugerente, es pequeño y tiene viviendas que destacan del negro de la roca volcánica, al ser blancas. Desde Guatiza hacia Arieta son kilómetros de roca y arena y el océano Atlántico con olas espumosas e imponentes, que se quiebran en contra de orillas, se levanta sobre un paisaje lunar. Es naturaleza primitiva e impoluta.

De madrugada, mientras mi mujer aún dormía, el perro y yo andábamos por senderos cerca del océano y mirábamos el nacimiento del sol en el horizonte marino.

Mi perro estaba feliz, porque podía ir libre, sin correa, alejarse siguiendo sus olores, señales químicas detectables directamente por el gusto. Olores no solo de otros perros, sino de animales salvajes y, sobre todo, de aves migratorias, o también aves de rapiñas. A menudo Teddy tenía el morro hacia arriba para captar partículas olorosas, que viajaban colgadas con distintos grados de intensidad por un largo tiempo sin desvanecerse.

¿Cómo era posible si el perro había estado siempre limitado en los movimientos por la correa?, me preguntaba a mí mismo.

Mi perro, a pesar de estar fuera de mis ojos, enseguida me alcanzaba si notaba mi angustia.

Charco del Palo a mí me gustó como lugar a donde volver para pasar una temporada más larga de vacaciones.

Se lo dije a mi mujer.

—¡Te estás adelantando demasiado! —Julia frenó mi entusiasmo—. Como ya te dije, en primer lugar veamos cómo será la vuelta a Italia. Después consideraremos cómo enfrentar un próximo viaje con nuestra mascota a Canarias.

—Si tú te jubilas con anticipación —dije con nuevo entusiasmo—, podríamos pasar mucho tiempo no en Canarias en general, sino en Lanzarote. No en cualquier sitio de la isla, sino aquí en Charco del Palo.

—¿Qué? ¿Te enamoraste de este lugar?

—No solo yo, también nuestro perro. Sobre todo él, que puede ir libre sin correa.

Mi esposa no añadió nada. Estaba muy preocupada por el próximo vuelo de regreso a Italia.

Pero yo insistí a preguntar:

—¿Entonces?

—Entonces, ¿qué?

—¡Tu jubilación! —expliqué.

—Cuando estaremos en nuestra casa, decidiremos. Porque no quiero jubilarme por las vacaciones en Charco del Palo. Quizá también, pero no solo por eso.

Mi mujer tenía razón, todavía yo quería hacer notar la importancia del sitio de Charco del Palo, también por otro aspecto que hasta aquel momento no había sido destacado: el nudismo.

Donde hay nudismo, yo creo hay naturaleza y libertad. Se lo dije a Julia de repente:

—¿Has notado que en Charco del Palo se permite la desnudez?

—Como en otros lugares por el mundo. No hay problema para mí, creo ni siquiera para ti —contestó mi mujer serenamente.

—Pues noto este aspecto, porque el nudismo se extiende por toda la zona salvaje, es como un mundo primitivo, lejano de la civilización. Y aquí mi perro y yo nos sentimos a gusto.

—Ahora pensemos en nuestra vuelta en avión dentro de poco —me recordó otra vez mi mujer—, y después todo lo demás.

Yo insistí a favor del sitio de Charco del Palo.

—Ayer por la mañana, al amanecer, mientras caminaba con Teddy por senderos de Charco, encontré a un hombre también con su perro, negro, de gran tamaño, muy bueno, que enseguida empezó a jugar con mi mascota. El hombre, que hablaba en nuestra lengua, me dijo que toda su vida ahora estaba en Charco del Palo. Su felicidad era vivir aquí. Jubilado llegó a Canarias, y en Lanzarote se enamoró de este sitio. Con su liquidación pagó un pequeño piso, a donde me ha invitado. Y cuando le pregunté qué lo atraía de Charco, me contestó con estas palabras exactas: «aquí está el paraíso».

—¡Habrá exagerado! —notó mi mujer.

—No, no ha exagerado, porque me desplegó su pensamiento con única palabra que fue: libertad.

—¿Es decir? —preguntó.

—Es decir, libertad de pasear con su perro sin problema, ir desnudo con un tiempo siempre agradable en cualquier momento de temporada, invierno, otoño, verano…

—¿Y no consideras el viento? —interrumpió Julia.

—Por supuesto —añadí—, pero no hace nunca el frío de Italia de enero, febrero, etcétera. Por eso se puede vivir a lo largo en Lanzarote y con perro en Charco del Palo. También para nosotros —suavicé— este lugar puede ser un paraíso. Pero para volver a Canarias y quedarnos aquí en Charco del Palo, mi amor, tienes que jubilarte más pronto.

Mi mujer se calló un rato y después dijo:

—Puedo estar de acuerdo en todo lo que dices, excepto en unos detalles, pero nos queda el problema del perro en avión. Pasado mañana veremos si no hay problema por el vuelo.

—¿Ya estamos para marchar, tan temprano? —estallé doliéndome—. Muy a mi pesar me alejo de Lanzarote y de Charco del Palo.

—No te preocupes, volveremos pronto a Canarias y a Lanzarote...

—Y a Charco del Palo —yo completé.

—Vale, también a Charco del Palo, pero tras haber resuelto el problema del perro en avión —concluyó mi mujer.

El último día en Charco del Palo fue muy importante para mí y para mi perro.

Tomé la decisión de que Charco del Palo habría sido un lugar para mi inspiración narrativa y para Teddy un lugar de absoluta libertad.

El océano con su enorme masa de agua, las rocas negras bajo el cielo despejado habían estimulado mi imaginación para una novela ambientada allí y tenía el asunto de que fuera el cuerpo en la naturaleza y en la vida humana.

Recordé a Lucrecio, poeta y filósofo romano de primer siglo antes de Cristo y a su obra *De rerum natura*. Habría empezado por él para escribir mi nueva novela.

Cuando me jubilé en 2012, enseguida me puse a escribir, antigua pasión juvenil. Mi mujer fue feliz, porque así pude ocupar los nuevos días desempleados de mi largo trabajo escolástico.

Luego Julia propuso que un perro estuviera con nosotros.

Entonces empecé a escribir y a pasear con Tess —este el nombre que dimos a nuestra perra de raza golden retriever, muerta prematuramente a los siete años—.

Y una de mis iniciales obras fue precisamente una novela sobre Tess, cuyo asunto fue cómo viví mi primera experiencia con el perro. El título fue *Tess, amiga mía. Historia de un perro y de su ánima*. Su publicación no tuvo ni fracaso, ni éxito. Fue simplemente ignorada.

También sobre Teddy, nuestro nuevo amigo, estaba escribiendo una novela a la que di el título *Una sana locura*, porque tener a una mascota es como una locura, pero la sana, la útil, la agradable, propia de los fieles compañeros. Me encontré con las ideas de Erasmo de Róterdam en su obra filosófica *Elogio de la locura*.

La locura ayuda a los seres humanos para vivir más contentos.

Ahora mi vena poética encontraba en Charco del Palo una grandísima ocurrencia.

Estaba por lo tanto necesidad de volver a isla de Lanzarote lo más pronto posible, a pesar de los problemas de viajar con perro. ¡Habríamos hallado una solución para tener con nosotros a nuestra mascota Teddy!

Llegó la hora de salida. Teníamos que separarnos de Charco del Palo y alcanzar el aeropuerto de Arrecife en Playa Honda.

Fue un momento muy triste para mí y muy ansioso para Julia.

Sólo el perro estaba feliz, porque, si todo estaba perfecto, subía con nosotros en avión y habríamos podido viajar juntos. Dentro de poco habríamos visto si se repetía lo que ocurrió a Malpensa en Italia, es decir, impedir al perro viajar conmigo.

Mi mujer estaba más ansiosa que de costumbre.

Se le dije:

—¿Por qué estás tan inquieta? Todo estará bien. La mascota viajará con nosotros en cabina. Tengo al perro cerrado en la jaula, solo habrá que pesarlo.

—Y es eso lo que me preocupa. Tú no has hecho nada para controlar el peso. Lo alimentas demasiado.

Volvió el asunto de alimentación de Teddy.

Me callé. Habíamos llegado. Teníamos que descargar maletas y entregar el coche alquilado en Fuerteventura.

Entrados a la sala de control nos pusimos tras la cola que estaba muy larga. Teníamos que esperar. Mientras mi mujer estaba muy ansiosa por lo que podía ocurrir al control del peso del animal, yo miraba alrededor y vi el océano más allá de una vidriera de la sala: ¡algo espectacular! A mí me parecía que el aeropuerto mismo estuviera suspenso en el aire.

Me convencí más aún de que teníamos que volver a Lanzarote.

¿Cómo? Siempre en avión, pensé, pero siempre con mi perro en cabina. La compañía aérea no habría podido impedirlo.

Se lo dije a Julia. Pero ella no me prestó atención. Siguió callándose.

Su miedo se había convertido en pánico paulatinamente acercábamos por el control.

Al final estuvimos ante empleado de compañía aérea, que solicitó las tarjetas de embarque.

Después de la lectura de los papeles, el funcionario preguntó:

—Veo que ustedes viajan con mascota. ¿Dónde está el perro?

—Está aquí —respondí muy tranquilo, y señalé la bolsa en la que Teddy estaba muy tranquilo.

—Vale. Póngalo encima de esta balanza para controlar su peso —dijo con mucha amabilidad el empleado que a mí me pareció muy joven.

Le dije a mi mujer:

—¿Has visto cómo es de joven el funcionario?

Julia mc miró agotada.

—¿Lo pones o no, caballero, a su perro encima de la balanza? —insistió el joven empleado.

—¡Por supuesto! ¿Lo pongo cerrado dentro de la bolsa? —pregunté serenamente.

Mi mujer se alteró desesperada y me dijo:

—¿Por qué no te das prisa?

Al final, la bolsa con Teddy estaba encima de la balanza.

El funcionario miró el peso y notó:

—Tiene unos gramos más de la carga máxima. Todavía puede viajar con ustedes en avión. —Y entregándome las tarjetas de embarco dijo—: ¡Feliz viaje!

De repente Julia, casi corriendo, dejándome detrás, se dirigió hacia la puerta electrónica del control de pasaje para subir al avión.

Para mí, que tenía al perro, pasar por la puerta de control fue más complicado. Teddy tuvo que salir su jaula, que fue inspeccionada con mucho cuidado.

Cuando alcancé a mi mujer, ella protestó:

—Jamás he vivido tal miedo. ¡Basta ya! No quiero encontrarme en la misma situación. Nunca más vuelos con mascota.

Para mí fue una como ducha de agua fría. ¿Cómo, no volveremos jamás a Lanzarote, al maravilloso y salvaje sitio de Charco del Palo?

En ese momento no dije nada, pero dentro de poco trataría el asunto con mi mujer, ya en el avión.

Al fin estuvimos en la cabina del avión con nuestro perro. Lo tenía yo entre mis pies. Lo primero que hice fue abrir la bolsa para que la mascota pudiera salir con cabeza y respirar más fácil.

—¿Qué haces? —preguntó mi mujer, aún agotada.

—¡Nada! —respondí—. Lo dejo un poco libre, sobre todo ahora cuando despegamos.

—No me gustaría que la azafata nos amonestara. Hasta ahora va todo bien, no lo hagas difícil otra vez.

Los motores del avión aceleraron, todo lo que ocurría para el despegue estaba dispuesto. Lo he evaluado siempre crítico, este momento del vuelo es más difícil que el aterrizaje. Cuando el medio supera la tracción terrestre y conquista el cielo, yo siempre siento inestabilidad y desasosiego y creía que mi mascota también en aquel momento podía tener el mismo miedo. Como en el viaje de ida, también en tal caso permití al perro de salir de la bolsa y estar entre mis brazos.

Mi mujer esta vez no dijo nada.

El avión acabó de despegar y yo enseguida le pregunté a mi esposa.

—¿Entonces no quieres volver nunca a Canarias, a Lanzarote?

—¡Sin duda alguna! —contestó Julia con voz firme—. Deseo volver a Lanzarote y a Charco del Palo, como tú quieres. Pero nunca más con el perro en el avión.

—¿Has decidido viajar sin mascota? —pregunté muy inquieto.

—He dicho «con el perro en el avión» y no «con el perro» —precisó—. Es el avión el problema y no nuestro Teddy.

—No entiendo qué quieres decir.

—Quiero decir que tenemos que llegar a Lanzarote con otros medios de transporte.

—¿Es decir?

—¡Con el coche!

—¿Con el coche? ¿Cuál coche?

—¿Cómo cuál coche? ¡En el nuestro!

No fui muy inteligente. No entendí casi nada. Me callé.

Mientras el avión empezaba aterrizar en el aeropuerto de Verona —el aterrizaje no me asustaba como el despegue, y creo igualmente para Teddy—, mis pensamientos fueron muchísimos. En unos ratos el viaje a las islas Canarias con coche marchando desde Italia me pareció muy difícil. Me figuré las columnas de Hércules como límites del mundo civilizado. ¿Cómo no pensar a Dante Alighieri y en su obra *La divina comedia,* en que se cuenta el intento de Ulises de atravesar las columnas y fue un fracaso? Naufragó con su embarcación, arrollado por las olas del océano Atlántico, y murió junto con sus compañeros, a quienes él había convencido para un viaje nuevo y misterioso en la búsqueda de nuevos mundos. Sin duda pagó con la muerte su descaro. ¡No siempre es bueno exagerar!

De estos pensamientos, ninguno lo compartí con Julia. Los habría evaluado como infantiles.

En el aeropuerto nos esperaba no un taxista que podía ponernos algunas dificultades por el perro en el coche, sino la hermana de mi mujer.

Como el aterrizaje ocurría a una hora cómoda, Julia le había pedido un favor a su hermana. No quería tener otras preocupaciones por el último tramo del viaje, que ya fue muy incómodo.

—Ha sido terrible viajar así en avión. Una angustia insoportable. —Dijo mi mujer apenas abrazó a su hermana.

—¿Entonces no viajarás más en avión? —preguntó ella.

—Lo cierto es que no quiero vivir nunca más esta experiencia.

Mi mujer pareció segura de lo que había planteado: llegar a Lanzarote en coche.

El regreso a casa en Brescia fue sereno. Las dos hermanas charlaron de cosas sin importancia. Yo estaba muy interesado si entre las palabras Julia se refería a su jubilación.

¡Nada! Jamás habló de su proyecto de vida próxima.

Hubo semanas que entre nosotros no se habló ni de jubilación ni de vacaciones. Retomamos nuestra vida normal, mi esposa al trabajo y yo con el perro a mi creación narrativa.

A decir verdad, mi vida estaba centrada en la escritura. Cuando paseaba con mi mascota mis pensamientos se concentraban en la trama, que tenía como escenarios los paisajes de Lanzarote. Y a menudo me sorprendía hablando al perro, al que desplegaba cuáles habrían podido ser los personajes de mi novela.

Lo cierto es que tenía necesidad de estar en Charco del Palo para lograr una mejor fuerza creativa.

—Si Julia no se jubila, no iremos nunca a Lanzarote por larga temporada —decía de vez en cuando a mi perro mientras caminábamos por senderos del parque cercano a nuestra casa—. Y este sendero no es lo mismo que estar en Charco del Palo.

A finales del mes de febrero estaba el último día útil para solicitar la jubilación. No tuve corazón para recordarle a mi mujer esa fecha.

A la tarde del 28 de febrero del 2019, Julia, mientras seguía preparando la cena en la cocina, me dijo:

—En Cádiz, al sur de España, una ciudad marinera de la espléndida comunidad andaluza, los martes de cada semana arranca el barco de la compañía naviera Trasmediterránea y después de unas treinta horas llega a Lanzarote, al puerto de Arrecife.

Me quedé de una pieza.

—¿Entonces iremos a Charco del Palo? —pregunté después de un rato en silencio. Ahora mi deseo era saber si Julia había establecido su jubilación.

—El barco Trasmediterránea —continuó ella sin contestar a la pregunta— tiene en su puente jaulas confortables donde los perros pueden estar durante el viaje, y donde su amo va para darle un paseo y para su comida. Al final, viajaremos con tranquilidad.

—¿Por cuántos meses haremos vacaciones en Lanzarote? —puse a prueba mi mujer de su jubilación.

—Esta mañana —declaró con satisfacción Julia— presenté la solicitud de jubilación para el 1 de septiembre de 2019. Hay una ley en nuestro país que permite a las mujeres adelantarse la jubilación. Se define como «opción mujer», pero tengo que pagar una penalidad por acumulación de la pensión. ¡Sin embargo, la felicidad que nos trae no tiene precio! En los primeros días de diciembre de este año nos marcharemos de Brescia e iremos con nuestro coche a Lanzarote, donde pasaremos cinco o seis meses: la temporada más fría en Italia.

Fue máxima mi alegría y la de nuestra mascota, que pareció compartir la emoción que yo expresé.

Abracé a mi mujer y nos besamos con mucho gusto y le dije que yo estaba muy excitado y que mi deseo sexual había subido imaginándonos en Lanzarote.

—Te amo —añadí—, ahora mismo quiero tener sexo contigo por tu importante elección, porque para mí Lanzarote significa plenitud de vida y mucho gusto sexual.

—No te excedas, también yo te quiero, pero ahora escucha bien lo que te digo para nuestro viaje de diciembre.

Los detalles del viaje me preocupaban por el perro en un viaje tan largo, muchísimos kilómetros, más de mil, para llegar a Cádiz, atravesando Francia y toda la península ibérica. Y después ¿cómo estaría el perro en la jaula alejado de nosotros durante la noche?

Sin embargo me callé y preferí escuchar sin hacer preguntas.

—Entonces haremos muchas paradas —planteó Julia—, tendremos cuidado por nuestro cansancio y por el del perro. Yo he destacado ya las etapas: Niza, Nimes y Perpiñán en Francia; Barcelona, Valencia, Málaga y, al final, Cádiz en la península ibérica. Son en total siete ciudades que iremos conociendo, aunque hay poco tiempo durante las paradas.

Como siempre, mi esposa me sorprendió. Por supuesto, pregunté, quizás para ser también yo organizador:

—Vale, pocos kilómetros cada día y bastante descanso. ¿Pero, los hoteles admiten a los perros?

—No todos: cuando en el ordenador pongo al buscador la presencia del animal, muchos sitios hoteleros desaparecen. Así ocurre también con los pisos. La búsqueda es muy difícil. Todavía hay unas viviendas bonitas en las ciudades escogidas. Tengo que confirmar cuanto antes, si no queremos que el viaje con nuestra mascota esté de nuevo en un aprieto.

—Estoy de acuerdo —dije con alegría—. Al fin el viaje en coche, aunque muy complejo, parece posible. Pero ¿cuándo piensas que habría que salir?

Esta mi pregunta inquietó a mi mujer, que dijo enfadada:

—Las cosas se hacen planeadas y organizadas. Ahora estoy definiendo los términos de un contrato para un hogar en Charco del Palo, desde donde se ve el océano: el perro está tolerado por el pago de fianza.

Mi reacción fue explosiva.

—Resérvala enseguida, no lo puedo creer: ¿una casa desde donde es posible mirar al mar? Es magnífico. Mi sueño de siempre. ¿Tú sabes que yo cuando era niño vivía cerca del mar en Cabo Miseno, no lejos de Nápoles? Recuerdo aquel sitio con mucha nostalgia. Está en mi sangre el olor a sal.

Empezamos a comer con mucha alegría, descorché una botella de vino tinto que tenía reservada para las grandes e importantes ocasiones.

Mi mujer también estaba feliz, pero cuando vio que el perro seguía estando encima de mí para tomar pedazos de comida que yo prodigaba abundantemente me dijo:

—Mi querido, no le des comida al perro, ¡engorda!

Y yo le contesté enseguida:

—No tiene que subir al avión nunca más. Viajará en nuestro coche. ¡No es importante ahora el peso!

—Para su salud, sin embargo, sí es importante el peso —respondió preocupada.

—Jugará mucho conmigo en Charco del Palo. Podrá mantener su peso. No te preocupes. —Después añadí—: Establecemos los tiempos de nuestro viaje y los de las vacaciones en Charco del Palo. El comienzo de la planificación tiene que ser lógicamente tu jubilación.

—¿Por qué necesitas que te repita lo que ya dije?

—Porque estoy encantado de que esto ocurra. Sin embargo, tenemos que esperar el mes de septiembre, cuando empieza tu jubilación. Pero yo en la espera me emociono mucho y a menudo estoy agotado. También, cuando era niño, mi madre no podía prometer hacer nada conmigo porque enseguida quería hacer lo que había dicho. La inmediatez me atrae, el planear me aburre.

—Mira que ahora no eres niño, ¿no te parece? —precisó Julia. Luego dijo—: De todas maneras debes tener paciencia. El 1 de septiembre de este año 2019 estaré jubilada, los primeros días de diciembre nos marcharemos desde Brescia para las Canarias. Por supuesto, para ese momento todo tiene que estar preparado, programado, ya comprados los billetes del barco de Cádiz para Lanzarote y, por cada etapa, la reserva de los pisos u hoteles aceptada. Cuando se viaja con un perro no se puede improvisar.

La mujer tiene cada vez razón. ¿Pero cómo podía decirle que también con el perro la vida tiene margen de improvisación y que no todo se puede cerrar en una programación?

Por unos ratos callé, de repente pregunté:

—¿Por supuesto los billetes del barco serían solo de ida, verdad?

—¡Claro que sí! Billetes solo de ida, sin vuelta. En estos tipos de viaje está la incertidumbre, tenemos que averiguar si las vacaciones nos gustan, si el perro está feliz, etcétera.

Esta vez mi mujer estuvo de acuerdo. Todavía corregí:

—Sin duda, cogeremos los billetes de vuelta lo más tarde posible, porque estaremos encantados de Charco del Palo.

—No es exactamente así. No estaremos más de cuatro meses de vacaciones en Charco del Palo, llegaremos a las Canarias en diciembre y volveremos a Italia hacia finales de marzo de 2020. Es el día exacto el que no tenemos ahora para la reserva del barco de Arrecife a Cádiz. Cuando estemos en Lanzarote iremos a comprar los billetes a la oficina de la naviera Trasmediterránea, que se encuentra en Arrecife.

Mi mujer no tenía ninguna duda. Su incertidumbre antes fue solo filosófica. Para mí, en cambio, debía esperar muchos meses antes de salir. Primavera, verano y otoño, y después la salida. Mucho tiempo.

¿Cómo llenarlo?

¡Con el perro y mi escritura! Todo mi mundo.

Teddy en aquel momento empezaba a dejar de ser cachorro. Todavía su carácter me parecía siempre como el de un cachorro, y para mí su presencia era vital, exorbitante, cautivante. Me había robado el corazón, mientras mi mente se dejaba llevar por los senderos de la imaginación literaria.

Mi mujer, notando mis pensamientos, tuvo cariño conmigo. Me dijo:

—No te preocupes, querido, los meses pasan rápidos y nosotros no es que no vayamos a hacer nada. Mientras tanto, tendremos sexo como siempre: tú me gustas y yo te gusto. Mientras yo estoy en el trabajo, tú pensarás en tus novelas, irás con nuestra mascota a lo largo del río Mela de nuestra ciudad y estarás feliz mientras piensas en nuestro viaje a Charco del Palo en diciembre. Toda la vida es esperar, no hay ni aburrimiento ni pereza si crees en la plenitud del deseo y en la ilusión. Tú eres escritor y sabes bien lo que te estoy diciendo.

Mi mujer me había confundido. Pero me dio una idea para construir la trama de la novela que tenía por escenario Charco del Palo en Lanzarote. Una huida desde Italia a las islas Canarias de un profesor de filosofía con una mujer, su compañera de clase y además amante, huir lejos de su legítima esposa y de su hijo. Una pareja polémica en una tierra extranjera para un amor nuevo y extraño, arrollado por el deseo machista sexual. La naturaleza habría sido el ánimo del cuento: espíritu y materia por una mezcla explosiva. Energía y masa, como dice Juan José Millás en su libro *La vida a ratos,* publicado en Debolsillo en 2020: la materia nace de un brote psicótico de la energía... la masa es la fase maníaca de la energía.

3

Prórroga inesperada de vacaciones

Hace cuatro años inició el viaje en coche a Canarias.

Fue en la mañana del 1 de diciembre de 2019 que cerré la puerta de casa con cuatro vueltas de llave, y cargué todas las maletas, incluido el transportín de la mascota, en el maletero de nuestro coche, un vehículo Renault Kadjar de unos años apropiado para un viaje de dos mil y pico kilómetros.

Los tres estábamos felices. Ante nosotros se abría una nueva vida, llena de sugestiones y sueños.

En primer lugar, la mascota estaba tranquila con nosotros en el coche.

Mi mujer no tenía malos pensamientos, porque no había la trampa del peso, como ocurría con el avión.

En segundo lugar, las vacaciones parecían más valiosas por el tiempo a nuestra disposición. Mi esposa estaba jubilada y ya había apreciado su tiempo libre durante muchos meses. En tercer lugar, desde ese momento toda nuestra vida cambiaría. Es decir, que nada sería como antes desde aquel viaje.

Cuando decidí hace unos meses novelar esos viajes con el perro, tuve la idea de usar el idioma español.

¿Por qué?

Un reto para mí y un homenaje a las islas Canarias y a toda España.

El español es un mundo titula su obra, publicada en Arpa en 2022, la lingüista Lola Pons Rodríguez. Y es verdad. Plasmar los viajes con el perro en mi novela me puso delante un mundo nuevo, cuyo conocimiento estaba trasmitido por la lengua. El español es lengua hija del latín. A mí me parecía mucho más cercana al latín antiguo que otras lenguas neolatinas, como por ejemplo el italiano, mi lengua materna. Y además, habiendo nacido en Nápoles, descubrí que hay muchas palabras del idioma español que a mí me resuenan a palabras del dialecto napolitano. La historia del español es muy rica y variada. Es bastante complejo definir si es lengua española o lengua castellana, sin extenderme sobre cuántos hablan español en el mundo. Los hispanohablantes están en todos los continentes y me conmoví cómo entre sí hay una fortaleza lingüística de unidad y de comunes intereses culturales y de costumbres. A pesar de que hay variantes nacionales de sonidos y de uso, el español es una verdadera lengua universal. Además, quedé estupefacto porque el español defiende su originalidad lingüística y sigue renunciando a cada palabra inglesa que invade otras lenguas. En español no hay palabras inglesas. Para mí ese descubrimiento fue algo maravilloso y me puse a prueba saciando mi curiosidad y ahondando en la etimología.

No es algo fácil hablar o escribir en una lengua nueva, solo conocida como lengua de supervivencia cuando se viaja por nuevo país. Pero he querido aceptar el reto.

Hasta ahora, antes de que acometiera la nueva obra narrativa en lengua española, ya había escrito en mi lengua nativa y publicado en Italia quince libros, casi todos ellos novelas, incluida la novela que fue inspirada por Charco del Palo.

Pensé que en primer lugar tenía que adueñarme del español como lengua escrita, y ¿dónde aprender este asunto, sino leyendo obras de narrativa, de ensayo y los periódicos?

Por lo tanto, durante los viajes en España y la permanencia en Lanzarote, casi cada día iba por el diario, y a menudo me entretenía en la librería de Arrecife, El Puente, donde podía conocer las novedades editoriales.

Además, siempre tenía conmigo un vocabulario útil para comprender las palabras desconocidas y una gramática rápida de la lengua española para controlar las reglas lingüísticas.

Hace poco tiempo me he visto en manera temprana preparado, al menos lo creía, para empezar esta nueva aventura de escritor de novela en lengua española.

La primera etapa del viaje en coche hasta Cádiz, donde subir al barco para Arrecife, fue Niza. En el centro histórico de la ciudad francesa mi mujer había reservado una habitación de hotel.

A la euforia de la partida siguió inmediatamente el cansancio y Teddy se mostró agitado.

—En la próxima gasolinera —dije preocupado— paremos y dejemos que el perro pasee.

—Lo que ahora me preocupa —me contestó con rareza Julia— no es el perro que viaja con nosotros y puede aplazar un poco su paseo, sino lo que está ocurriendo en China, en la ciudad de Wuhan.

—¿Qué les pasó a los chinos? —pregunté cándido.

—¿Cómo, no has oído la emisora de radio hace un rato?

—No, a mí me preocupa Teddy.

—Pasar no pasa nada. Vemos más adelante si debemos prestar atención también en Europa a lo que ocurre en China. No te preocupes de tu perro. A corto plazo pararemos para que tu mascota descanse, yo, sin embargo, estoy enfadada por dos razones, la de China y la acogida del perro en los hoteles.

Guardé silencio y pensé que mi mujer mira adelante, mientras yo vivo el presente y mi mascota estaba en el blanco de todas las miradas. A decir verdad, yo seguía identificándome más con las necesidades del perro.

Muy pronto uno de los malos pensamientos de Julia se verificó: en la ciudad de Niza, recorriendo el paseo marítimo, llamado *Promenade de las Anglais*, después de detenernos ante el lugar del atentado terrorista del 14 de julio de 2016 y reflexionar sobre el fanatismo religioso y político, acudimos a un restaurante para comer algo, ya que en todo el día, excepto el perro, los dos habíamos ayunado. No fue posible. El perro estaba de impedimento. El camarero dijo en idioma francés:

—Lo siento, lo siento. Yo quiero a los animales, a los perros, yo tengo también un perro, sin embargo, no se puede servir comida en la mesa donde hay un perro. —No fue el único local en el que el camarero nos rechazó servir algo de comida, no sé un almuerzo, un bocadillo, nada si queríamos sentarnos a la mesa: para nosotros, con el perro, la comida podía ser solo para llevar. Ir de tapas fue inútil.

Entonces mi mujer propuso:

—En el próximo local entro yo a solas, tú te quedas fuera junto al perro, compro una comida rápida, no sé un bocadillo, o bien una pizza, y enseguida iremos a nuestro hotel. Comeremos en la habitación.

—Esta es una solución muy desalentadora —comenté.

—¡Viajar con el perro causa también eso! Afortunadamente —concluyó Julia—, las próximas etapas prevén paradas en pisos donde podemos prepararnos la comida nosotros.

Me quedé pasmado y grité:

—Tenemos que luchar contra la injusticia. No tolero que se levanten vallas entre los seres vivos. La historia está llena de segregación racial.

—Otra vez, amor mío, no recuerdas que Teddy es un animal.

Me callé y ni una palabra agregué. Para mí Teddy era algo más que un animal, más que un perro. Era un gran amigo mío, y quería que cada rato él estuviera conmigo.

—Ten en cuenta —reforzó su pensamiento mi mujer— que habrá muchos lugares en que hay paneles que dicen que no se admiten perros, no sé: playas, museos, bibliotecas, o nada menos paseos marítimos y senderos, como ya hemos experimentado en Fuerteventura. No nos queda otra que separarnos, uno va y otro está con el perro.

En Barcelona la parada fue de dos días, porque así podríamos visitar un poco la ciudad catalana. Julia fue valiente por haber reservado una habitación en un apartahotel en la rambla cerca de Plaza de Catalunya. Por lo tanto, estábamos en un establecimiento turístico central y los perros estaban admitidos.

Fui feliz de poder pasear con mascota por la rambla, ir alrededor de la importante Plaza de Catalunya, visitar el palacio de la Generalitat y coger las fuertes presiones de identidad de una parte de la población catalana con estandartes expuestos a los balcones y a las ventanas.

—Para mí —dije a mi mujer durante el paseo de la tarde por el centro de Barcelona—, la unidad y no la separación ni la rotura son ideales para compartir. Vuelve el asunto de las discriminaciones. Como nos ha ocurrido por el perro. No sé si la independencia sea cosa buena para los catalanes y españoles. Es como decir en Italia que hubiera independencia en las regiones del norte, como Lombardía y Véneto. Sería una mala suerte para todos los ciudadanos italianos.

—Tu análisis es imperfecta. Son dos asuntos distintos. El de los catalanes es asunto político; el tuyo es filosófico y personal.

—Yo creo —dije convencido— que el mundo hoy está estropeado porque cada vez impera más el particularismo, y el particularismo es separación, desigualdad, y aún más es decir «yo soy más importante que tú, mi origen no es el tuyo», yo soy italiano, pero italiano del norte, es el marco de la nacionalidad por la dignidad de la persona, debe primar mi identidad, primar lo que separa. Esas son ideas de supremacía, como las que rechazan a los perros porque son inferiores a los seres humanos. Son animales, es opinión difusa, no tienen nuestra inteligencia, ni las palabras para comunicar. Y no es verdad, porque todos los animales se comunican y tienen inteligencia, basta saber acatar como son. Esta es la respuesta: aceptar a quienquiera por lo que es, acogerlo y poner una mesa común por el diálogo y la comprensión de todos los puntos de vista. Compartir es más útil que rechazar. No olvides lo que escribió en su obra *De amicitia* el romano Cicerón: lo superior en la amistad está en ponerse a la par de quien es inferior. Esos son mis pensamientos radicales y tú sabes bien cómo los he expresado al escribir la novela *Tess, amiga mía. Historia de un perro y de su alma.* He querido manifestar que el perro tiene mucho que enseñarnos, en primer lugar amistad y fidelidad, sin hipocresía, de manera total. Lo que carece en los seres humanos.

—Tus ideas están mezcladas —insistió Julia—. Llevan mucha confusión. Como antes te dije, una cosa es la política, otra tus convicciones éticas y personales. Afortunadamente vivimos en países demócratas; Italia y España tienen el Congreso, cuyos diputados han sido electos en libres elecciones y donde se aprueban las leyes. La guía es el papel constitucional y los derechos de todos están defendidos. También los de animales y de perros. Por lo tanto no puedes ser corrosivo, ni anárquico. Hay personas que quieren a los perros y personas que no. La convivencia demócrata es así. El problema catalán pertenece al gobierno de la comunidad catalana y al central. A nosotros nos queda ir adelante, tenemos que llegar a Valencia y a Cádiz.

Mi mujer había terminado, no me permitió contradecirle, me confió al perro y entró en una tienda elegante de ropa interior.

El hombre de seguridad, que vigilaba quién entraba, me vio con perro y pensé que me decía que me apartara. En cambio me invitó, si lo quería, a entrar con la mascota en la tienda.

—No, no quiero entrar —respondí con frialdad, y me quedé esperando a mi mujer ante los escaparates.

Me puse, entonces, a mirar las ropas interiores femeninas, y viendo bragas y sujetadores de diferentes formas pensé en el deseo sexual y en cómo a menudo está castigado por la hipocresía y moral católica.

Pensé también en cómo había cambiado la relación sexual con mi mujer, desde que el perro estaba con nosotros a cada rato de nuestra vida, incluso en la íntima. La mascota asistía a nuestros actos sexuales y a menudo se interponía entre nosotros, limitando de hecho las efusiones eróticas, a veces hasta impidiendo el logro de nuestro placer. Nunca pensamos en alejar al perro cuando el deseo sexual nos cogía, ya fuera por la noche o por la mañana, apenas despiertos. Ni siquiera de madrugada, si queríamos aprovechar que el perro dormía. Siempre él se despertaba y quería estar presente.

Entonces experimenté una maniobra de distracción durante el acto sexual, le propuse al perro un entretenimiento muy apetitoso: mordisquear un hueso hecho de cuero de búfalo, de los que se venden en las tiendas de perros y que a él le gustaba mucho.

Los efectos de la maniobra no fueron resolutivos, más bien el perro siguió estando entre nosotros para mordisquear hueso de búfalo y además, como se daba cuenta de cualquier cariño entre mi mujer y yo, pretendía lo que se había convertido en su derecho. Al final la costumbre sexual con mi mujer tuvo en cuenta al perro y sus expectativas. Y así no siempre en nuestros actos de sexo lograba alcanzar el placer, y a menudo la aproximación erótica se interrumpía. A continuación, cuando el deseo sexual me arrollaba, me identificaba con el perro y sentía tristeza por él, porque jamás había podido experimentar el gusto sexual. Había notado que, cuando él olfateaba los rastros de perra en celo, enloquecía de amor. No se paraba más. Padecía mucho pensando a su gran deseo sexual, tan aguijoneado. Su instinto animal estaba reprimido. Lo sentía y mucho. Sin embargo, la sexualidad de los perros me había despertado la curiosidad sobre el sexo en líneas generales, por la libertad y el gusto del deseo erótico, que va más allá del instinto de reproducción de una especie. Lo dije a mi mujer de llevar al perro a su criador para que se apareara.

Así su deseo sexual estaría satisfecho. «Es una locura», respondió. ¿Quién habría retenido después al perro macho que huele las señales de las perras en celo?

Todos esos pensamientos, que se desarrollaron pasando el rato ante los escaparates, con Teddy echándose a mis pies en la acera, también él esperando a que Julia saliera de la tienda, abrieron paso a mi imaginación narrativa.

En Charco del Palo quería empezar a escribir un nuevo relato, pero me gustaba trazar antes a los personajes. Y pensé en un hombre, el protagonista, sea decir el yo narrador, arrollado de la pasión erótica y cuyo deseo sexual habría sido el mismo que el de los perros. Cada cuerpo femenino lo excitaba, en un deseo interminable. Vida como búsqueda de placer sexual e intento de satisfacer los instintos en pro del coito. Sin embargo, esta psicosis habría chocado con las reglas burguesas de la moral y de las convenciones sociales. Lo que me encantaba, porque por contraste habría podido tratar cómo todos, cada uno según su carácter, quieren alcanzar la felicidad en su vida.

Al protagonista le habría dado el nombre de Antonio, porque, como San Antonio, también él estaba siempre sometido a tentaciones carnales. Deseaba a su amante con la que habría hecho un viaje a las Canarias, precisamente a Lanzarote, y aquí la habría querido sexualmente, pero sin correr el riesgo de dejarla embarazada, mientras ella sí deseaba tener relaciones sexuales, pero con el fin de quedarse embarazada. Dos deseos iguales pero de señales contrarias.

Por lo tanto, en la pareja, los personajes habrían vivido un fuerte choque: cada uno habría querido éxitos contrarios entre sí por el acto sexual, la mujer habría deseado procrear y ser madre, el varón gozar sexualmente sin convertirse en padre, y no como ocurre a los perros en criadero, que para gozar del sexo, tienen que aparearse para la procreación. Antonio habría luchado a brazo partido para defender su derecho al placer sexual dirigido a sí mismo y no a la perpetuación de la especie humana.

¿Acaso veía en Antonio a mí mismo con igual deseo sexual insatisfecho, porque mi mujer estaba distraída por el perro durante el acto amoroso? ¿O bien porque, pasando los años de convivencia, sin darse cuenta, el deseo se reduce, la pasión erótica se baja, y no es más la misma de antes?

—¿Qué tal? —me asombró mi mujer—. ¿No estás bien? —Continúo llamando la atención con la bolsa de la compra.

—Perdona. Estoy con mis pensamientos —respondí con desasosiego.

—No te preocupes, mi amor, ¡mira qué compra de ropa interior para nosotros! Esta noche reserva el mejor hueso de cuero de búfalo para nuestro perrito Teddy. Festejamos en Barcelona el viaje a Canarias.

Julia me sorprendió, como siempre. A menudo me tenía que llevar la contraria de mis pensamientos.

Hasta Barcelona desde la frontera italiana en Francia y ya pasada la frontera francesa para entrar en España por Perpiñán, el viaje en coche me pareció fácil y sin dificultades. Las autopistas francesas, aun así todas de peaje y muy caras, permitían una conducción tranquila y el automóvil avanzaba con regularidad. Nos intercambiábamos al volante, mi mujer conducía menos que yo.

Después de la parada en Barcelona, el viaje empezó a estar más complicado. La península ibérica se alarga mucho de norte a sur.

Comenzó a aburrirme la conducción del coche. Quería parar a menudo.

Mi mujer se impacientaba por todas las paradas y el perro estaba inquieto porque el habitáculo estaba lleno de maletas y de muchos paquetes. La pobre mascota no tenía donde sentirse a gusto, por lo tanto se levantaba entre los dos asientos anteriores, con gran desaprobación de mi mujer.

—Si la guardia civil nos sorprende, retira el carné de conducir, incluso hay una dura multa, y adiós a las islas Canarias. Por eso di a tu perro que se siente.

Porque el perro seguía levantándose, aunque se le decía de sentarse, Julia examinó con ojo crítico la educación que habíamos dado a nuestro perro, mejor dicho, la falta de educación que el perro mostraba. Y dijo:

—Toda la culpa es tuya, porque tú eres complaciente con él.

—No soy complaciente, es que yo, como sabes, solidarizo con las necesidades del perrito.

—No son cosas que pasan. Tienes que ser un hombre coherente, el cargo de responsabilidad por el perro es de su amo y consiste en educarlo.

—Pero yo quiero que mi perro esté feliz. Quiero su felicidad a cada rato de su vida.

Julia no me contestó, como si mis pensamientos no tuvieran importancia.

No pasó nada y el perro siguió levantándose, hasta que se puso sobre mis piernas mientras conducía el automóvil.

No lo eché y continué mi tarea. Mi mujer exclamó:

—¡Dejemos!

No atendí a razones y dejé al perro donde se sentía a gusto.

La planificación marchaba bien, mi mujer había planteado todo a la perfección, llegamos a Cádiz el lunes 9 de diciembre de 2019, el día antes del embarque.

Alabé a mi mujer.

—¡No hagas cumplidos! —abrevió.

En un viaje tan largo teníamos que sacar la conversación de algo. No podíamos seguir guardando silencio.

Por supuesto, cuando estoy con alguien me agobia si no hay ni una palabra y me abochorno por el silencio. Busco argumentos para conversar muy estúpidos.

Con mi mujer ocurría lo mismo.

Sin embargo, con mi perro no tenía ese problema. El silencio estaba obligado y los medios de comunicación eran otros.

—¿Cómo es el paisaje español que estamos recorriendo? —pregunté a Julia conversar de algo.

—Háblame de tu próxima novela —dijo ella, sin responder a mi pregunta.

Fui igualmente feliz con este argumento. Me encanta cuando tengo que hablar de mis novelas.

—Mi próxima novela la empezaré cuando estemos en Charco del Palo, porque quiero ese entorno para mi inspiración.

—¿Tienes ya alguna idea para el argumento narrativo? —preguntó ella con curiosidad.

—Sí, tengo alguna idea sobre personajes y sobre el argumento.

—¿Quiénes son los personajes?

—Quiero hablar de una pareja que hace un viaje especial a Lanzarote.

—¿Quieres hablar quizás de nosotros? No me gusta que se hable de mí en tus novelas —dijo con recelo Julia.

—No, no te preocupes. Los dos están fuera del sentido común. Quiero escribir sobre el deseo sexual, que es parte importante de la vida sensible y material, como nos enseñaron los filósofos griegos Epicuro y Demócrito. Mi atención será dirigida al cuerpo, así como lo trata Lucrecio en su poema *De rerum Natura*.

Mi mujer, que pareció no enterarse de la filosofía, me preguntó:

—Dime, ¿pero la pareja viaja con el perro?

—No, viaja sin perro y en avión.

—Vale, eso me calma. Entonces, ¿no soy yo tu personaje femenino?

—No, pero tú me ayudas para la comprensión del sentido femenino, y además nuestra vida compartida me abre los ojos sobre la complejidad de ser pareja. La convivencia entre dos seres humanos es difícil y a menudo se cree que las cosas mejoran cambiando la pareja. Es lo que le ocurre a los personajes de la novela que querría escribir, los dos amantes huyen de sus hogares confiando en una vida más feliz. Con el perro, es verdad, la convivencia es muy diferente. Es básico su vínculo, cada vez más.

—Dime, en tu opinión, ¿por qué vivir en pareja es complicado?

—En primer lugar está el asunto sexual, que estorba las relaciones entre sí. El sexo hace parte de los deseos interminables que afectan a cada uno de manera diferente. Todo hombre y toda mujer busca en el acto sexual su felicidad, que aparece solo si satisface sus sueños eróticos. Lo que no es simple. Cada vez hay menos relación sexual en la pareja y se levanta la mutua infelicidad. La mujer queda embarazada pero sin placer sexual, sin orgasmo compartido. Esto ocurre también en la pareja homosexual: acto sin verdadero placer, y el deseo sexual queda insatisfecho.

—No entiendo bien. ¿Por qué, si dos personas se quieren, no pueden cruzarse los deseos sexuales individuales como nos ocurre a nosotros?

Cuando mi mujer aclara nuestra vida íntima, estoy desorientado, pero tenía que contestar a su pregunta, por amor de verdad.

—Cruzar los deseos sexuales no es posible porque los mundos de sueños y fantasías eróticas de cada uno son impenetrables, puede que ni nosotros mismos conozcamos cuáles son. Por eso el logro del placer en el acto sexual es individual y cada amante queda solo consigo mismo. No hay posibilidad de escape.

Fui brutal y pesimista.

—¿Y en segundo lugar? —interrumpió mi mujer, que se sintió trastornada por mi análisis sexual.

—En segundo lugar, vivir en pareja hace explotar el interior de cada uno, y no es fácil compartir las manías de otra persona.

De repente guardamos silencio.

Creo que cada uno de nosotros pensó en las manías ajenas, mi mujer a las mías y yo en las suyas. Sólo el perro, que también él tenía manías, no dio importancia, porque para él la vida era así, con las manías y el sexo insatisfecho.

Propuse a mi mujer una desviación para ir a Cádiz, recorriendo el litoral de Costa de la Luz por Tarifa, llegando a Málaga. Tenía ganas de que pudiera ver el encuentro del Mediterráneo con el océano Atlántico en el punto más meridional de Europa. Y enfrente el continente africano.

—Me duele no compartir contigo ese deseo —objetó mi mujer—. No hay tiempo. Bajar a Málaga y alcanzar Cádiz recorriendo el litoral por Algeciras y Tarifa alarga mucho el último trecho del viaje, y nosotros tenemos que llegar con anticipación a Cádiz para darnos cuenta de dónde está el puerto y de cómo funciona el embarque. No es avión, de acuerdo, no hay problema con el peso de nuestro animal, pero el buque tiene sus reglas por la navegación de los perros. Y podríamos encontrarnos en nuevos apuros por nuestra mascota. No estaré tranquila hasta que no estemos acomodación y no sepa lo que pasa con Teddy.

He aquí, mi mujer volvió a alborotarse. Podía compartir sus preocupaciones, pero ¿por qué adelantarlas?

Lamenté mucho la renuncia del desvío.

Estamos hechos de cultura e imaginación. Traemos a la memoria imágenes que nacieron por experiencia de lecturas o estudios en la escuela. Y ahora, teniendo en la desviación de ruta la ocasión de acercarme a los dos mundos que se encuentran por medio de dos mares, habría deseado experimentar en persona que los que estábamos atravesando no eran confines, si no confluencia y puentes. Es decir, allí no estaban los confines que dividían, sino que unían, y nosotros seguíamos adelantándonos junto con nuestra mascota.

No tuve valentía de insistir por el cambio de ruta. Me reprimí. Yo siempre me reprimo cuando creo que mi mujer tiene razón.

En efecto, al momento nuestra concentración tenía que focalizar el embarque en un puerto de una ciudad muy bonita, pero desconocida.

Llegamos a Cádiz el día antes de la fecha de navegación. La ciudad nos asombró por su belleza, y después de fijarnos en el puerto, dónde estaría la nave Trasmediterránea que empezaría el embarque a las dos de la tarde del día siguiente, paseamos a lo largo de calles, avenidas y plazas llenas de turistas y ciudadanos. Ya había iluminación por la cercana Navidad. Una fiesta inesperada.

Única nota negativa fue la observación de Julia, que yo seguí sin entender:

—Si lo de Wuhan se propaga con rapidez también por Europa y luego por España, este montón de gente en las calles y en las plazas no trae suerte y haremos mejor en alejarnos de la muchedumbre.

Entonces regresamos enseguida a nuestro alojamiento alquilado en el centro de Cádiz para una tranquila noche, antes de partir hacia Canarias. La cena fue una comida ligera adquirida para llevar al mercado de la ciudad.

A las diez de la mañana ya nos pusimos a la cola de los coches para el embarque. Un hombre sin uniforme, un policía creo que de la Guardia Civil, nos controló el carné de identidad y preguntó:

—¿Viajan por trabajo o por vacaciones?

De repente respondí yo:

—¡Por vacaciones, por vacaciones de larga temporada!

El policía sonrió, luego añadió:

—¿Viajan con perro?

Pensé: «ahora vienen los problemas».

—Sí —bisbiseé y estuve a la mira de la pregunta del peso.

El policía con extrañeza me encomendó que hasta que no se acabara el control de todos los coches el perro no podría salir del automóvil.

—¿Ni para un paseo a lo largo del muelle? —pregunté perplejo.

—¡Absolutamente no! Tu perro no debe distraer al mío, que tiene que oler maleteros de los coches y furgonetas.

—No hay necesidad de profundizar la razón de lo que se ha ordenado —precisó Julia, cuando el policía se apartó—. Tenemos que andar siempre con cuidado cuando se habla del perro.

Sin tomar en cuenta lo que mi mujer aconsejaba, despotriqué contra la ingratitud humana.

—El perro que olfatea la droga va bien, como va bien el que tras los seísmos olfatea bajo escombros en búsqueda de seres humanos heridos aún con vida. ¿Y qué decir de los perros adiestrados para la salvación en la mar, sin hablar de los que guían a los ciegos? ¡Y a mí me molestan si un perro viaja conmigo para darme una amistad que para mí es salvación psicológica! ¿Quizá un médico debería prescribir una receta en la que se indica la amistad con mascotas como terapia para la salud mental?

—Tu análisis está bastante fuera de lugar, ¿no te parece? Ahora estate atento, que tenemos que marchar para embarcarnos ya mismo.

Mi mujer puso fin así a la conversación. Ante el coche, un empleado de la compañía naviera Trasmediterránea hacía una seña con el brazo para que me dirigiera a donde él indicaba.

Subimos a los garajes superiores de la nave, al nivel del puente al aire libre, y donde estaban en un rincón los alojamientos de las mascotas, organizados por jaulas individuales en un lugar cerrado, lugar que, cuando lo vi, me pareció triste y lúgubre.

Salimos del auto con maletas y el transportín del perro e hicimos cola para acercarnos a la recepción. De repente un empleado de la compañía me dijo que el perro podía estar fuera en el puente, en caso contrario tenía que estar en el transportín cerrado.

—¡Otra vez! —se quejó mi mujer.

No sé si su queja era por mí, porque tenía al perro libre, o por las reglas restrictivas del barco.

Al fin y al cabo enseguida me aparté con Teddy a lo largo del puente al aire libre entre los automóviles, ya casi todos aparcados.

El barco zarpó.

Miré a Cádiz, que se alejaba en la luz rasante del ocaso y la ciudad me apareció aún más espectacular.

Vino mi mujer y me dijo:

—Tengo el número y la llave de la jaula donde Teddy deberá estacionarse, excepto cuando vayamos a darle la comida y el paseo. En un primer momento solo permitían el acceso a las mascotas alguna que otra vez, después de unas protestas la cosa ha mejorado. Por lo tanto se puede ver al perro cuando quieras. Pero el perro no puede entrar a los salones del buque, ni puede acercarse a lugares donde se come. Tenemos que turnarnos para acceder al autoservicio y comer también nosotros, si no queremos dejarlo solo en su alojamiento.

Se me hundió el mundo. Reviví la inhumanidad de la azafata del aeropuerto de Malpensa en Milán, cuando a mi perro le fue prohibido viajar. Me subió la sangre a la cabeza. Quería protestar contra la sinrazón y la insensibilidad humanas.

—¿Por qué —estallé— impedir una felicidad que es tan sencilla? ¿A quiénes molesto con mi perro?

—¡Quédate quieto! —me dijo Julia—. Esta situación no es la misma que la del avión, porque el perro está con nosotros y puedes acudir a él cuando quieras.

Mi mujer tenía razón. Sobre el puente del buque podía tener conmigo al perro. ¿Y entonces? ¿De noche?

Desterré por ahora el pensamiento triste. Contesté a mi esposa:

—A mí me gustaría mucho si Teddy pudiera acompañarnos a nuestro camarote y estar junto a nosotros durante el viaje de noche. —

Julia fue comprensiva.

—Tienes que esperar —dijo—. Antes o después la misma compañía naviera tan rigurosa permitirá al perro en el camarote, sin duda con gastos más altos. Por lo pronto ¡paciencia! La historia de la humanidad nos enseña que ha habido un constante esfuerzo para encontrar la felicidad. Los derechos quieren mucho tiempo para imponerse. Sin embargo, aún más los de animales. Entonces, escúchame: acompañamos a Teddy a su alojamiento y luego vamos a comer. Luego volveremos con su comida y a pasearlo.

—¡No! —protesté—. El perro está aquí conmigo, no lleva ni siquiera un rato encerrado en la jaula.

—¿Deberás también dormir un poco?

—¡No sé! —fue mi respuesta y añadí—: Por ahora tráeme un poco de comida del autoservicio. Como aquí sobre el puente del barco, al aire libre, feliz junto con a mi mascota.

—No comparto tus ideas, pero haré lo que quieres.

Mi mujer se apartó y yo conduje al perro lejos de las jaulas, diciendo:

—Amigo mío, ¡no irás nunca en una jaula!

¿Cómo me justifiqué a mí mismo que no quería dejar al perro en jaula?

Antes de todo por cómo murió Tess, mi querida golden y mi primer perro, que abandoné en un centro veterinario forzosamente, sin que me hubieran dicho nada, mientras estaba acostumbrado a que ella estuviera siempre conmigo. Me quedé convencido porque habría debido tomar tratamiento por una grave enfermedad de la sangre, la leucemia. Murió de noche después de una lenta agonía, como me refirió la doctora de turno del centro veterinario. No supe jamás, a pesar de las preguntas al centro veterinario, si murió por el tratamiento de quimioterapia o mejor dicho por el abandono que ella sufrió encontrándose sin su amo. Más y más me convencí de eso y aún no puedo quitarme el sentimiento de culpa por su muerte.

No pude hablar con nadie, ni siquiera con mi esposa, porque todos decían que yo estaba loco. La golden estaba enferma y no teníamos para dejarla en un hospital de perros.

Otra razón para seguir acompañando a Teddy fue mi identificación con sus sentimientos, es decir mis sentimientos se convertían en suyos. Lo que yo viví de pequeño con mi madre lo trasladaba a él; por lo tanto, como había padecido mucho el desamparo de que mi madre se apartara mucho tiempo, así creía que el perro no estaba a gusto si se quedaba a solas.

Además quería devolver al perro las mismas atenciones que mi madre me prestaba. Eran atenciones llenas de fervor y de amor. Sentimientos que no encontré nunca durante mi vida.

Como mi madre me hizo feliz, también yo quería hacer feliz a mi mascota. Y a más estaba convencido de que cada ser viviente tiene derecho a su felicidad. Nacer es para encontrar la felicidad. Y mi perro habría sido a cada rato feliz.

—Me voy a tenderme en la cama —me anunció Julia, entregándome dos bocadillos y un vaso de cerveza, a la vuelta del autoservicio—. Estoy muy agotada. Da comida al perro, y sígueme al camarote, dejando a Teddy en su alojamiento. ¡También tú estás muy cansado!

—¡Ve! —le digo a mi mujer—. Yo iré dentro de poco.

Me quedé a solas junto con mi mascota. Miré en derredor. Alguien paseaba con su perro, alguien más llevaba a su animal a los alojamientos, donde era fuerte el ladrido de los perros cerrados en las jaulas. Sin embargo, no querían estar allí, querían a sus dueños.

Oyendo este interminable quejido, se me pusieron los pelos de punta. Intenté alejarme lo posible, pero aún llegaba a mis oídos el ruido de fondo.

Alcancé el lugar opuesto del puente superior del buque. Encontré un asiento libre y mis pensamientos se fueron, mientras miraba el océano que caía dentro las tinieblas al anochecer.

Pensé en Lucrecio y en sus ideas sobre la realidad atómica, que se aparece cual cuerpo o bien simple o bien compuesto. Toda vida orgánica e inorgánica es un encuentro casual de átomos.

Estuve encantado por la majestuosidad oceánica. Me dije a mí mismo que el título en latín de la novela que habría empezado a escribir en Charco del Palo, *Corpora mundi*, interpretaba bastante lo que yo percibía enfrente de la naturaleza.

No era la fascinación solo de la vida, me seguía diciendo, convencido, sino también de su manifestación por medio de los cuerpos. Esos son la maravilla de la existencia, aunque hacemos todo lo posible para hacerles daño, como ahora ocurría en aquel viaje.

El perro se levantó y empezó agitarse. Quería ir ¿dónde? Quizá deseaba comer. Para tomar su comida, tenía que llegar al coche y por lo tanto acercarnos a los alojamientos de perros. No había alternativa.

Acercándome a las jaulas, por el momento parecía que el ladrido había disminuido, pero al poco todos los animales retomaron a ladrar con intensidad.

Teddy rechazó la comida.

Me hice coraje y me acerqué a los alojamientos, obligando a mi perro, porque no quería venir.

Saltó a los ojos una escena horripilante: perros desesperados que golpeaban contra jaulas. Advertí además un olor repugnante, y a continuación vi a un varón acostado en el piso rodeado por tres perros, que dormían junto con él.

Quise huir, estaba muy agotado. Tenía la necesidad de echarme en la cama.

¿Qué hacer?

¿Cómo actuar?

Desde el bolsillo tomé la llave con el número de la jaula destinada a mi perro, la identifiqué y la miré con mucha atención, no me pareció nada fea, la vi bastante ancha y pensé que allí Teddy habría podido estar cómodo. Unas horas en jaula por un corto descanso. Al poco habría vuelto para que el perro saliera del aprieto.

A continuación me dirigí otra vez hasta el coche para tomar huesos de búfalo para que se divirtiera en la jaula e intenté a volver a los alojamientos. Desafortunadamente, Teddy había comprendido su destino, por lo que no quería acercarse a las jaulas. La situación se puso embarazosa.

No me quedó otra que tomar al perro en brazos y empujarlo a un sitio que en ese rato él odiaba a muerte.

Me crucé con sus ojos, y me compadecí y sentí tristeza. Se me vino la pregunta: ¿por qué?

Apenas cerré la jaula, Teddy empezó a ladrar sin jamás detenerse. Su ladrido, junto con el de otros perros, me hirió en lo profundo del alma.

No miré más y me fui.

Alcancé nuestro camarote, mi mujer dormía profundamente. En silencio, sin hacer ruido, me eché en la cama con el corazón arrancado en un amasijo de sentimientos de angustia y de culpa. Me pareció que hubiera abandonado a mi perro, como un padre a su hijo.

«Dormiré sólo un rato y luego volveré con mi mascota», seguía diciéndome por calmarme y coger el sueño. Lo que no fue fácil, y, solamente cuando el cansancio y el agotamiento me ganaron, parpadeé y me dormí.

Me desperté de sobresalto, como de una pesadilla insoportable. Había dormido ni más ni menos un par de horas.

Al cabo de un rato me di cuenta de lo que había ocurrido.

De repente me levanté de cama pronunciando el nombre de mi perro a media voz sin despertar a Julia, que siguió durmiendo y corrí a los alojamientos de perros, apretando en el puño de mano izquierda la llave de jaula, en la que había forzosamente echado a mi perro.

Apenas llegué ante las jaulas me percaté de que Teddy había parado de ladrar al verme. ¿Lo que significó que había ladrado todo el tiempo en mi ausencia? Y tuve la impresión de que no se había nunca movido de la posición en la que lo había abandonado. Además, los huesos de búfalos estaban tal como se los había dejado.

Abrí la jaula con ímpetu, tomé en brazos a mi perro, rescaté los huesos y salí a toda mecha, pero echando antes un vistazo alrededor para ver si el hombre seguía durmiendo junto con los tres perros suyos.

Sí, estaba allí con los animales. Los cuatros tranquilos.

Alcancé el asiento de antes sobre el puente superior del barco. El perro se echó al lado de mí. Mordisqueó un poco el hueso de búfalo y se cayó de sueño.

Nos quedamos allí largo rato. Miré el amanecer.

Padecí el frío, a pesar del chaquetón que llevaba. Pero estaba feliz ahora que tenía al perro conmigo.

A la luz del sol me alcanzó mi mujer, que dijo:

—Al fin te hallé. ¿No has venido a camarote para descansar un poco?

—Sí, sí —respondí agotado.

—¿Qué tal?

—¡Nada! He padecido mucho por el perro.

—¿Por qué? —preguntó en actitud de comprensión.

—Empujé al perro en la jaula en contra de su voluntad y la cerré con llave de golpe. Ha sido terrible.

—No tenías otra alternativa.

—Sí, pero para él fue violencia. Recordemos que los animales son seres sensibles y sienten de la misma manera humana disgusto y dolor.

—¡Vale! Pero ahora el perro está aquí, duerme sereno. Dentro de poco se abre el autoservicio. Ve al camarote, arréglate y después haz cola para desayunar. Como te he dicho, tenemos que turnarnos.

Hice lo que mi mujer me aconsejó.

Cuando volví del autoservicio después mi desayuno, tenía en la mano un pedazo de pastel para mi perro, por compartir con él un poco de mi alimento.

Mi mujer me reprochó diciendo que el perro engordaba con eso. Luego añadió:

—En un rato, cuando acabe de desayunar, actuaremos conjuntamente para dar comida de perro a Teddy. Solo así garantizaremos que no engorde.

Durante el día, a fin de que el perro no fuera jamás encerrado en jaula, nos turnamos de vez en cuando, o bien para comer o bien para descansar en el camarote. Yo quise quedarme más rato con él.

Paseaba adelante y atrás a lo largo del puente del barco entre los coches, donde también estaba permitido a los animales hacer sus necesidades.

El barco avanzaba con regular velocidad en la mar y yo me imaginaba a lo lejos la orilla africana. Lo que me producía sensaciones de plenitud.

Empezó anochecer, Teddy no quería acercarse a la zona de los alojamientos de perros, y si paseando llegábamos allí, él iba seguía andando.

A altas horas de la noche en las tinieblas lucieron aquí y allá luces inesperadas. El barco estaba aproximándose a la isla de Lanzarote.

Al final llegamos al destino.

Dentro de poco desembarcaríamos y así la pesadilla de las jaulas se habría acabado.

A paso lento, el barco entró en el puerto de Arrecife, que me apareció como irreal. Todo estaba colgante, inmovilizado.

Luego empezó el desembarco con sus quehaceres. El puerto se animó y mucho.

El entorno se convirtió en confusión y prisa.

Los tres tomamos asientos en nuestro coche Renault, encendí el motor, pero no arrancó. Intenté de nuevo, nada: el coche no arrancaba.

—¿Por qué, qué pasa? ¡El motor no es viejo!

Me enojé contra el coche, contra el Renault. Ya vi al perro encerrado en la jaula. Sentí ganas de llorar.

Mi mujer mantuvo la calma.

—¡Tranquilo! —dijo—. Podría ser la batería eléctrica del coche.

—¡No! —grité—. Tengo mala suerte. Nunca volveré a echar al perro en una jaula.

Entretanto, alrededor del coche unos empleados de la compañía naviera me decían de arrancar el coche y salir deprisa.

—El motor no arranca —explicó mi mujer—. Creo que por la batería.

Yo estaba trastornado. En cambio el perro dormía sereno en su asiento de atrás. Se sentía protegido dentro del automóvil.

Se acercó al coche un mecánico con la caja de las herramientas y me invitó a abrir el capó del motor.

Conectó los cables a una fuente energética del exterior y recargó la batería del coche. A continuación me dijo de arrancar de nuevo el motor.

Después de unos intentos el coche arrancó.

Al final pudimos salir del barco y alejarnos del puerto de Arrecife.

—Has sido muy impulsivo —dijo Julia, mientras yo aún más agotado intentaba de recordar qué carretera seguir para ir a Charco del Palo.

Entonces detuve el coche apenas fuera del puerto.

—¡No! —gritó mi mujer. ¡Demasiado tarde! El motor se apagó—. ¿Has visto qué significa actuar a tontas y a locas? ¿Y ahora? ¿Has tomado en cuenta que tenemos problema de batería, y parar el motor significa no arrancar de nuevo?

Me desesperé. Despotriqué contra la mala racha, que nos perseguía. Todo por las malditas jaulas del barco.

Durante rato guardamos silencio.

De repente Julia dijo:

—En este caso no debemos llevar prisa. Dos son las opciones: o pedir una grúa o sea esperar que la batería reutilice la electricidad sobrante.

—¿La grúa a esta hora? Son las dos de la madrugada. ¡Es una locura!

—Antes de pedir una grúa, pongamos a prueba el motor. Déjame el asiento de conducción. Arranco yo el vehículo. Hay que estar tranquilo. Una sola aceleración.

El coche efectivamente arrancó.

—Vamos recto a Charco del Palo sin pararnos más —exclamó Julia contenta—. Conduzco yo, porque recuerdo bien la carretera para ir.

Los actos de mi mujer me encantaron y me excitaron sexualmente. Sus capacidades resolutivas me parecieron dotes femeninas muy especiales, lo que alimentó mi deseo de yacer con ella.

En poco tiempo llegamos al pueblo de Charco del Palo y, a pesar de las horas de madrugada, frente al piso que mi mujer había reservado, nos alcanzó el empleado de la agencia inmobiliaria, que había sido informado por móvil de nuestra llegada.

El varón nos entregó la llave del chalé y nos ofreció todas las informaciones necesarias para estancia.

Al final estuvimos en Charco del Palo por una larga temporada de vacaciones. Estallé de alegría, no pude contenerme.

Entonces mi mujer precisó antes de echarse en la cama:

—Mañana por la mañana, porque a ciencia cierta el coche no arrancará, pedimos la grúa para que lo lleva a Renault, que se encuentra también en Lanzarote. Por lo pronto no hacemos nada, ni siquiera sexo, y Teddy puede dormir con nosotros en la cama. Buenas noches, mi querido nervioso e inepto.

Quedé de piedra. ¡Me habría gustado hacer el amor!

Todavía le dije a Julia:

—Permaneceré un rato en la terraza, desde donde se ve la mar, y después vengo a la cama. El perro está conmigo.

Ella no agregó nada y fue al dormitorio.

«Mañana», pensé, «daré el comienzo a mi novela *Corpora mundi*». Me acosaba el asunto de inicio. Hallaba inspiración de un momento a otro y debía cogerla al vuelo.

Quería de repente poner de relieve dos asuntos esenciales: el perfil del cuerpo humano cogido por diferencia de hombre y de mujer y cómo se desatan las pasiones por los deseos de su posesión. Amar es amar el cuerpo físico, aunque se diga que se ama el alma. Por lo tanto, imaginé que la pareja fugitiva que llega a Charco del Palo, como nosotros, se descuidan del acto sexual impetuoso, que pone en marcha una pelea sin fin. Ya el viaje en avión para el protagonista Antonio fue sorprendente. Se halló por error informático en un asiento al lado de una persona transexual y no de su amante. A oscuras intentó un galanteo, que enseguida interrumpió cuando se dio cuenta de que el sexo biológico era masculino. Se abrió entre sí una discusión muy acalorada sobre qué destaca en el sexo, si el propio sentido o la naturaleza biológica. Sin embargo, lo que debía ser para Antonio aventura erótica, se convirtió en la consciencia de que el deseo sexual pasa los límites del género masculino o femenino.

Habría querido de repente sacar el ordenador de la maleta y empezar a escribir lo que estaba en mi imaginación. Pero otro deseo era que me echara en la cama e hiciera sexo con mi mujer. Sentí alta presión sexual.

Pero no hice ni una ni otra cosa. Me tumbé en el sofá con el perro y antes de que cayera de sueño seguí imaginando el comienzo de mi novela.

Los días en Charco del Palo siguieron trascurriendo velozmente. Al amanecer paseaba con el perro a lo largo de una amplia explanada de rocas volcánicas, luego durante la jornada daba con mi mujer y el perro vueltas por Lanzarote para visitar sitios turísticos naturales y artísticos. A menudo recorríamos también senderos que nos adentraban en maravillosos paisajes de lava, sobre todo en el parque de Timanfaya.

Lo que veía, lo que me ocurría, todo se convertía en un asunto para mi novela *Corpora mundi*.

Charco indica agua en espacio cerrado, incluso estando en contacto con el océano. Cerca de nuestro piso había un charco muy bonito con corriente continua de agua de mar.

La primera vez que quise zambullirme en él, encomendé a Teddy a mi mujer, y desnudo, como otros vecinos, fui al charco.

Sin tardar me arrojé al agua: me faltó la respiración. El frío oceánico me caló hasta los huesos. Me pareció desvanecerme. Una mujer desnuda muy guapa sonriendo me dijo:

—Este es el sentido que ofrece el Atlántico.

No contesté nada, también porque al momento no comprendí qué quería decir la mujer.

Volví enseguida a casa y a continuación me puse ante el ordenador para grabar lo que había ocurrido.

—¿Qué haces aún mojado? —preguntó Julia.

—No puedo perder el sentido de la mar.

—¿Es decir?

—¡La voluptuosidad! —respondí, mientras los dedos pulsaban las teclas para relatar el acontecimiento.

—¿Qué? —insistió mi mujer, que quería comprender el asunto.

—Cuando me zambullí en el agua del charco ha sido como zambullirme en el océano frío. Lo que ha provocado una sensación única, irrepetible. Una mujer, que tomaba desnuda el sol allí, muy guapa, me dijo que yo con aquella zambullida había experimentado el sentido del océano Atlántico. En un primer momento no comprendí, sin embargo ahora sí, y no quiero perder este conocimiento para mi novela. Tengo que escribir.

—¿Cuál es este conocimiento? ¡Dime, por favor!

—Hay una palabra para aclararlo: ¡voluptuosidad!

—Sigo sin entender —reveló mi mujer.

—Lucrecio, en su obra *De rerum natura*, describe muy bien qué es la voluptuosidad. En el himno a la diosa Venus, la voluptuosidad otorga el origen a la vida. Es una fuerza vital que construye toda la realidad. Es amor, pasión, placer, gozo, gracias al cuerpo y a sus sentidos físicos. La corporeidad es el alma de la vida. Allí está la verdad, es decir, el bien y el mal, la salud y la enfermedad. Por lo tanto, siendo la vida algo corto, tu dedicación exclusiva es apartar el dolor y favorecer el placer lo máximo posible.

—Eso de lo que hablas es materialismo puro. ¿Te convertiste en un materialista? —me preguntó Julia casi preocupada por que pudiera ser un materialista.

—No yo, sino Antonio, el profesor de filosofía, el protagonista de mi novela. Es voluptuoso, sensual y quiere extender su filosofía en la vida privada y en la profesional. Con mucho fracaso. Choca con la mala fe de su esposa y las medidas estrictas de su escuela. Por eso ha sido obligado apartarse de su mujer y de la escuela, llegando aquí a Lanzarote. Ha convencido a su amante, a la que di el nombre de Clara, de tomar el avión con él para unas vacaciones sexuales.

—¿Por algún casual hallamos entre nosotros a este extraño varón de nombre Antonio junto con su amante Clara? —dijo con ironía mi esposa.

Guardé silencio y no compartí nada si más, a no ser que fuera útil para mi narración.

Claro que hallé en mi perro a un fiel oyente con el que compartir los asuntos de mi relato. Sin embargo, el animal no emplea palabras en la comunicación, pero escuchaba y prestaba atención. Lo que fue bastante para mí.

Tenía el ordenador en la mesa de la terraza, frente a la mar, y toda vez que me sentaba allí para escribir, Teddy se echaba junto a mi silla.

De vez en cuando me volvía a él y le decía algo. Si mi mujer me veía hablar con perro desaprobaba con la cabeza y apuntaba:

—¡Vas más allá!

La sensación que provocó la visita turística con el guía del complejo volcánico de Timanfaya enriqueció la trama de *Corpora mundi*.

—¡No! El perro no puede subir en el autobús. Más bien que se aparte de aquí porque se hacen experimentos de fuego.

El empleado del Parque Nacional de Timanfaya fue muy rígido. No solo el perro no pudo hacer la ruta de los volcanes, sino que tuvo que apartarse desde el Islote de Hilario. De aquí partían las guaguas por un recorrido dentro de los desechos eruptivos del siglo dieciocho.

—¡Ve tú! —dijo mi mujer, tomando al perro—. Prefiero no subir a la guagua, porque la vuelta por los volcanes me da miedo. Es una ruta muy difícil y peligrosa. Yo me quedo a Teddy y tú haces esa experiencia volcánica que quizá podría ser útil para el argumento narrativo de tu novela.

Acepté de buen grado la propuesta y enseguida subí a la guagua.

Sin embargo, con mucha tristeza vi desde la ventanilla a mi mascota alejarse. Mi mujer me hizo señal de estar tranquilo y alegre.

Realmente fue una vuelta que dio miedo por la carretera apretada, pero al mismo tiempo fue cautivadora. Me di cuenta de la grandeza ruinosa de los volcanes.

Imaginé cuáles emociones habría experimentado Antonio si fuera yo.

Serían como las de un sueño en el que se sintiera proyectado al tiempo de la erupción de Timanfaya y asimilara los fenómenos volcánicos a los del orgasmo sexual.

Imaginé también que el profesor diera su interpretación erótica sobre el relato del diablo de Timanfaya identificándose con él.

El diablo es el magma que sale de la profundidad bajo tierra, y así el placer sexual es el magma de la vida que viene de largo desde origen del cosmos.

Cuando Teddy me vio regresar hizo más fiesta de lo habitual, casi como si volviera desde viaje largo.

Mi mujer, en cambio, me sonrió serena y me preguntó:

—¿La ruta de los volcanes ha sido útil por tu relato? —y enseguida, sin esperar alguna contestación mía, añadió—: Por seguro tu hombre, el profesor de filosofía, dentro de la materia volcánica halla el sentido de la vida como el de la locura del amor del que habla ese Lucrecio tuyo. ¿La vida de Lucrecio no fue devastada por un amor loco, muy sensual?

Rápidamente respondí:

—Una cosa son los acontecimientos biográficos, otra es la imaginación artística.

El enfrentamiento literario se acabó y mi mujer propuso:

—Vamos al Golfo, una localidad muy bonita cercana y asistimos a la puesta del sol.

Compartí su propuesta, sin embargo, mis pensamientos siguieron siendo para Antonio, ya implicado en la erupción del Timanfaya.

Al final de enero de 2020 mi mujer, muy temprano, dijo:

—Debemos planear nuestra vuelta a Italia.

—¿Así, de repente? —pregunté.

—Tenemos que adelantar la compra de los billetes del barco. Hay el peligro de que no encontraremos camarote para la fecha que nos interesa.

—¿Y en tu opinión cuál es la fecha que nos interesa?

Llevaba alrededor de dos meses las vacaciones en Charco del Palo, donde habíamos pasado también los días de la Navidad y del Año Nuevo.

Por primera vez vivimos esos días de fiesta tan importantes lejos de familiares, e igualmente fuimos felices y estuvimos encantados por lo que la isla de Lanzarote nos ofrecía a los ojos.

A Nochevieja invité a mi esposa a cenar al restaurante La Cueva, en Charco del Palo, cuyo dueño no puso ningún problema por el perro.

Pedimos paella por dos personas. El plato fue muy agradable y de buen gusto.

Seguimos charlando largo rato. Porque yo empiné el codo por beber a nuestra salud y a la del perro, y me descuidé hablando de mi novela y de los personajes.

—¿Qué mujer es esta Clara? —preguntó muy curiosa Julia—. Seguro que la ves guapa y sensual. ¿Por qué deja a su marido y sigue a su amante a Lanzarote? No creo que Antonio sea hombre digno de confianza. Yo, siendo mujer, lo querría lejos.

—Antonio no es ni psicópata, ni bruto, da cariño —precisé—. Él con Clara busca y quiere dar gozo. En cambio, la mujer quiere un crío, su disponibilidad para el coito es para quedarse embarazada. Imagino que ahora la pareja está aquí en este restaurante para comer un plato de paella, y que Clara es muy golosa. Y Antonio quiere darle felicidad. Bien por el vino bien por el cariño de Antonio, la mujer estalla todo su mundo interior y confirma que se apartó de su esposo para seguir a su amante, porque no estaba embarazada.

—Un tema manoseado hasta el agotamiento —comentó Julia—. A decir verdad, no comparto el deseo de Clara. No creo que la maternidad sea una necesidad para las mujeres. Tus cariños los puedes llevar a entorno, como a tu perro.

Aun así, no estaba de acuerdo de que el perro sea como un hijo, pero aprecié a las ideas proporcionadas de mi mujer, aunque seguí en mi imaginación el desarrollo sexual de la pareja literaria, deseando yo también mi desarrollo amoroso con Julia, volviendo a nuestra habitación.

—Propongo como fecha última —dijo Julia, haciendo entender que tenía ideas muy claras—, el día 5 de abril. No adelante, porque las noticias que llegan de la Organización Mundial de la Salud preocupan mucho. Sin embargo, en el próximo mes de febrero podríamos hacer una gira turística a Tenerife. Conoceremos otra isla de las Canarias. Apenas estemos de acuerdo iremos a Arrecife a la oficina de turismo a por los viajes en el archipiélago y a la de Trasmediterránea a por la compra de los billetes para Cádiz.

—Creo que la fecha propuesta es muy temprana. Mi novela ha sido solo esbozada, debemos quedarnos más tiempo en Charco del Palo. Estoy agotado por el relato sobre la erupción volcánica de Timanfaya, el personaje de Antonio me complica el asunto narrativo, porque él se identifica también en el cura Andrés Lorenzo Curbelo, que existió de verdad y contó el drama del Timanfaya.

—¿No ves ahora un peligro más cercano en el tiempo el del virus desconocido que viene desde China y vaga por Europa?

—¡No! —contesté—. Como de costumbre, las autoridades exageran. Hay una gripe más difusa por el mundo: ¡nada de más!

—¡Vale! No hablamos de peligros sanitarios, sino de programación de vacaciones. Tenemos que volver a Italia, y creo que los primeros días del mes de abril serán apropiados para encontrar allí, en nuestra ciudad, un tiempo agradable. El invierno lo hemos pasado en un país caliente. ¿No es bastante?

—Bueno, vamos por tu programación, pero me molesta la dificultad por mis asuntos narrativos. La erupción del Timanfaya fue un desastre. La teoría materialista de la realidad choca con sus límites y el mismo Lucrecio habla de la naturaleza física que enloquece. Querría representar esta locura que pega en el alma y en la mente de los seres humanos. El magma es lo que cerramos en secreto que de repente estalla y, como lava, sale envolviendo todo lo que encuentra, incluso reglas morales y sociales. Antonio vive esta fuerte emoción y se identifica con el diablo y su contrario. Eso asunto que me acosa tengo que convertirlo en un creíble cuento. No sé cómo hacerlo. ¿Qué opinas?

—No soy capaz de ayudarte. El escritor está a solas frente a su teclado.

Guardé silencio. No añadí nada.

Pensé: «Con el perro durante los paseos no estoy a solas».

Algunos días antes de que nos embarcáramos para ir a Tenerife, con parada en Gran Canaria, sin síntoma de previo aviso empecé a ver mal.

Al conducir el coche veía doble. Los automóviles eran dos cuando cruzaba la carretera el coche que venía en sentido inverso, y uno de ellos me parecía que iba a chocar con mi vehículo.

Lo que era terrible, espantoso. A menudo estaba obligado a frenar y a detener mi automóvil en la carretera con mucho peligro para otros conductores.

—¿Qué te ocurre? —preguntó muy asustada mi mujer, porque el frenazo repentino a menudo empujaba al perro contra los asientos anteriores—. ¡Corremos un gran peligro si haces eso!

—No sé. Veo doble. ¡No puedo conducir el vehículo así! —respondí, no entendiendo lo que me iba a pasar—. Ponte tú al volante.

Julia tuvo un ataque de pánico.

—¿Cómo haremos para volver a Italia? No soy capaz de conducir el coche por muchísimos kilómetros.

—¡El malestar de los ojos se quitará pronto!

—No sabes lo que dices. Un achaque repentino no se marcha de la misma manera. Tenemos que buscar un oculista.

—¡Vale! Pero esperamos un poco. Hacemos la gira turística a Tenerife y luego, si el malestar continúa, iré a la consulta de un médico especialista.

He siempre sido muy reacio a recurrir a los sanitarios cuando un malestar me afecta, mis ideas sobre la vida me empujan acudir a la naturaleza, la que podría ser de ayuda, y no a la ciencia médica, quedando claro que la sanidad, sobre todo la pública, tiene su importancia para la humanidad y también para los animales.

Con eso, quizá, mis pensamientos están más cercano a los de mi personaje Antonio y al asunto de *Corpora mundi*.

Sin embargo, ahora que he leído el libro de Juan José Millás, escrito junto con Juan Luis Arsuaga, *La muerte contada por un sapiens a un neandertal,* publicado de Alfaguara en 2022, lo que pensaba sobre la sanidad se ha enriquecido de otras opiniones.

Él afirma que en la naturaleza no hay ni vejez ni decrepitud. Hay o plenitud o muerte. Es una idea conectada con la teoría de la selección natural.

Sobreviven los que se adaptan a la naturaleza.

Pero yo creo que eso no ocurre gracias a una actitud pasiva, sino gracias a la comprensión de lo que quiere la naturaleza. Y comprender la naturaleza significa comunicar con propio cuerpo y con el entorno, y a lo más con el medio ambiente. Para comunicar es importante saber escuchar, y escuchar al propio cuerpo;

es decir, disfrutar de los sentidos de la corporeidad. Un equilibrio que oscila entre deseos y satisfacción.

Y cuando hay malestar, los remedios no son enseguida los fármacos, sino los recursos que el cuerpo mismo y la naturaleza ofrecen.

A veces he compartido estos pensamientos con mi mujer, pero enseguida acabé, porque decía que era una locura para los seres humanos.

Pensé que para mi perro no, porque él vive en la naturaleza más que mi mujer o yo.

A pesar de mi malestar en la mirada, los días de gira por Tenerife fueron agradables y suficientes para conocer la isla, a menos algunos elementos de valor.

Le dije a mi mujer, que conducía ella el coche por las carreteras isleñas:

—Tenerife es una isla atrayente, pero muy grande. Para mí Lanzarote, más pequeña, es una isla muy confortable para una larga estancia. Además, tiene Charco del Palo.

—De acuerdo, pero el problema no está por la elección entre las dos islas, sino cómo haremos para el regreso a Italia. Te repito: no puedo conducir todo el viaje por la península ibérica y por Francia.

—En Lanzarote iré al oculista —precisé.

Julia se calmó, aunque otro pensamiento la afligía, el de la epidemia china que había llegada a Europa, y que yo resolvía por normal gripe.

Al final de la gira de la isla, para volver a Lanzarote teníamos que embarcarnos del puerto de Santa Cruz de Tenerife.

Fue muy difícil alcanzar el muelle para embarcarnos porque había muchas barreras de contención por el carnaval en proyecto. Por lo tanto, había una desviación en la carretera, y quise conducir el vehículo yo, así que se sumaron las incomodidades, con mucha inquietud de mi compañera de viaje.

El que estaba callado era el perro, y fue algo bueno porque se acercó un coche de la Guardia Civil y el policía desde de la ventanilla me gritó que mantuviera el automóvil dentro del carril.

—¡Por suerte no nos detuvieron! —exclamó mi mujer—. Secundar tus propuestas es muy arriesgado. —Luego que añadió—: Mientras un virus recorre Europa, aquí se festeja el carnaval volviendo a llamar un montón de gente. Para el virus es como una luna de miel.

—Eso es porque hay duda de que la enfermedad no sea una gripe, algo de lo que en cambio yo estoy muy convencido.

Julia ignoró mi comentario, pero me ayudó a tomar la carretera apropiada para llegar al muelle por el embarque.

No había muchos pasajeros en la nave, lo que era algo bueno para Julia, que quería estar lejos de una pareja de turistas que tosía y expectoraba a menudo.

—Mira —me dijo—, así se plantea la infección. No sé si los dos que muestran ese malestar tienen el virus chino. Ante la duda es mejor estar apartados.

Pensé: «¡Esta vez no es por el perro que estamos discriminados!».

Volvimos a nuestras vacaciones en Charco del Palo y yo a los paseos con el perro para seguir imaginando el relato de Antonio y Clara.

Pero a lo largo de los senderos, mirando de acá para allá el perfil de los volcanes, lo veía doble. Tenía que atender los consejos de Julia: consultar al oculista.

La duración del malestar empezaba a inquietarme, mientras tanto llegaban desde Italia malas noticias sobre el virus chino.

—Lo que temía se está verificando —matizó una mañana mi mujer hojeando diarios digitales en su móvil—. ¡Más que una simple gripe! Aquí está ocurriendo una pandemia. ¿Y tú?

—¿Yo qué? —pregunté poco alarmado, porque aún no seguía con gran lujo de detalles informaciones digitales.

—El malestar de tus ojos. Si de repente tenemos que adelantar la vuelta a Italia, ¿cómo regresaremos?

Fui cínico y puse nerviosa a mi mujer, contestándole:

—Tanto mejor: prorrogaremos las vacaciones por la felicidad del perro y la mía y tendré nuevos argumentos para mi narración. ¡Piensa en cómo Antonio estará feliz por quedarse en Lanzarote con su amante y por su pasión erótica! Podrá seguir follando.

—No creo que este sea el momento de jugar. ¿Sabes cómo se puede detener la difusión de esta enfermedad? ¿Cómo impedir el contagio? Solo con medidas de aislamiento, con el bloqueo de toda actividad. Por eso nos conviene volver a Italia lo más pronto.

—Mira —dije a mi esposa—, volver ahora a Italia, al norte de Italia, ¿no es peligroso? ¿No es mejor quedarse aquí, donde no hay contagios?

—¿Tú crees? Más pronto que tarde tendremos el virus también en Lanzarote. Por ahora está en Tenerife, isla que hace unas semanas hemos visitado.

—No es posible marchar de prisa. Yo veo doble. —Ahora mi malestar en la mirada me era de ayuda para que no adelantáramos de repente la vuelta a Italia.

—Por eso es necesario acudir al oculista. A lo mejor unas gafas nuevas te harían ver bien y así podríamos partir.

—¡Vale! Iremos a oculista. Ya he encontrado un centro especializado en la vista en Arrecife. Tomaré cita lo más pronto posible. Pero ahora ¡calma! Antes veamos qué ocurre a España. Y cuáles medidas acoge la Moncloa. Puede ser que el gobierno español no cierre la actividad social y económica.

—¡Ojalá! —dijo mi mujer, que permaneció en actitud reflexiva unos minutos. Después añadió—: Creo que será obligatorio que los turistas se vayan fuera del territorio español. Entonces no hay otra alternativa. Tendremos que volver a Italia. Por lo tanto, ahora curamos tu malestar en los ojos y nos prepararemos para el adelanto del viaje de vuelta. Pidamos a la oficina de Trasmediterránea cambiar el billete del buque de Arrecife a Cádiz.

—Esta prisa me parece exagerada —apunté—. Entretanto voy a pasear con el perro. Tengo que dejar libres mis pensamientos.

Me aparté.

No dio tiempo a que pudiera ir al oculista, la pandemia había invadido a toda Europa, y el virus chino, llamado COVID-19, no perdonó a ninguna nación, ni tampoco a España y las islas Canarias. Más o menos casi todos los gobiernos declararon el estado de alarma, se cerraron las actividades económicas y sociales, la vida humana se paró. Subía cada vez más el número de afectados ingresados en el hospital y el de los que fallecían por neumonía. Sobre todo los que tenían antecedentes.

Al final de marzo de 2020 el BOE reproducía todas las reglas del confinamiento.

España, como otros países, quedó bloqueada.

Unos días ante de la publicación del boletín hubo muchedumbre en los aeropuertos por el regreso de los turistas, porque después no habría ninguna posibilidad de moverse.

Julia agotó la paciencia. Gritó:

—¡¿Y ahora?!

Intenté calmar a mi mujer. Le dije:

—Podemos regresar a Italia en avión y después volveremos a recoger el coche, cuando la pandemia termine.

—¿En avión? ¿De nuevo con el perro en el avión y con tanta muchedumbre? Estás loco.

—Entonces quedemos aquí en Charco del Palo. Nosotros somos turistas de larga temporada. Nadie puede echarnos.

—Quizás esta solución es la mejor —dijo ya convencida mi mujer—. Tendremos que hablar con agencia inmobiliaria y ver también si nos hace ahorro.

—Bueno, quedémonos hasta que termine la pandemia y yo recupere una mirada sana y no doble.

Después de esta decisión mi mujer tuvo noches alborotadas. No dormía casi. También yo estaba despierto. Muchos pensamientos en la cabeza. ¿Cuándo acabaría el contagio? Y si el virus nos afectaba, ¿con quién estaría el perro? Y si afectaba a nuestros parientes en Italia, ¿qué haríamos? Y demás…

—No te atormentes, todo se arreglará —dije una noche, mintiendo para tranquilizar a mi esposa—. Cojamos lo que hay de bueno en lo que nos ocurre.

—¿Qué?

—Por ejemplo, la prórroga de vacaciones, sin límites, en un lugar lejano, a ciencia cierta, del contagio de coronavirus. Y este es Charco del Palo, donde estamos ahora afortunadamente. España,

Francia, Italia, ya son países cerrados, por lo tanto dondequiera que estuviéramos, no podríamos circular. Y por fin un nuevo argumento por mi novela.

Mi mujer acercó a su cuerpo al mío bisbiseando al oído:

—Trátame con dulzura. Hace falta serenidad.

—Verás, todo irá bien. La infección se acabará, y volverá la normalidad y nosotros habríamos tenido una larga temporada de vacaciones. No es malo como comienzo de tu jubilación. Y yo podré acabar mi novela *Corpora mundi*.

—Amor, dime, por mi evasión, ¿qué hacen los dos personajes de tu novela, Antonio y Clara, cogidos también ellos en Lanzartote por la COVID-19?

—Antonio se tira de los pelos. No le parece verdad no poder regresar a su ciudad con su mujer y su hijo. Quizá, piensa, ahora podrá conquistar el cuerpo femenino tan deseado de Clara por una larga temporada.

—¿Cómo despliega Antonio lo que ocurre, según el pensamiento filosófico suyo? —me preguntó con franqueza Julia.

Tenía muy claro el desarrollo narrativo, por suerte.

—Antonio es materialista y, como para Lucrecio, lo que ocurre es casual. Y eso es lo que empuja al ser humano a pedir felicidad, individual, aun a corto plazo. No hay suerte social, común, sino la personal. En un derrumbamiento general de la sociedad, no queda algo sino la búsqueda del gozo individual, sobre todo el sexual. Confiesa a Clara que disfruten de ese aislamiento, que los olviden a todos y se abracen con mucha pasión!

—Eso es no tener humanidad —contestó mi mujer—. Antonio es egoísta e insensible. Quiere olvidar, si he comprendido bien, a su esposa y a su hijo, que están en peligro por el CO-

VID-19. Nada de lo que ha dicho se puede compartir. Y no creo que Clara, su amante, acepte.

—No, Clara no acepta, y nace una pelea furibunda porque ella quiere tomar el avión y volver a Italia.

—Yo creo que cuando en la pareja hay amor entre sí, las dificultades se afrontan. Si se pelea, eso quiere decir que hay malestar.

En España se declaró el estado de alarma y el confinamiento fue total. Solo los negocios de primera necesidad pudieron quedar abiertos, los demás quedaron cerrados.

Así, solo por necesidad estaba permitido salir del piso, para la compra y para el paseo del perro. La Guardia Civil lo controlaba.

Un día fui sorprendido por el policía mientras iba con mi perro lejos de mi residencia.

—¿Dónde vive usted? —me preguntó el guardia—. ¿Lo sabe usted que no puede apartarse allá de los cincuenta metros de su casa?

—¡Lo siento! —respondí—. Es la fuerza de la costumbre de nuestro paseo lo que nos llevó hasta aquí.

Se estableció un clima de verdadera estrechez.

No salir cuando hay deseo es malo y hace sufrir. No podía negar a mi perro sus largos paseos.

Encontré la solución, saliendo de casa al amanecer, y, aun con mucho miedo, por una o más horas recorría los senderos de Charco del Palo, mientras mi mujer dormía, porque ella no quería desobedecer las órdenes.

De los paseos de madrugada saqué mucha ventaja para mi relación con el perro y para mi invención narrativa.

El estado de alarma por el contagio de la COVID-19 a fin de cuentas prorrogó nuestras vacaciones en Lanzarote y, en particular, en Charco del Palo. Mientras los turistas regresaron todos a sus países con avión, porque el sector de la hostelería no pudo seguir marchando, los que ocupaban pisos independientes pudieron quedarse en sus alojamientos, pero cumpliendo las reglas del confinamiento.

La compañía naviera Trasmediterránea se avino a cambiar los billetes a otra fecha más adelante, cuando quisiéramos. El alquiler del piso se adelantó y tuvo rebaja.

Se dieron las condiciones para disfrutar de una inesperada prórroga de vacaciones.

La isla de Lanzarote tenía un aspecto nuevo, original, único, sin turistas y en un silencio extraño. Escribimos muchas autodeclaraciones para alcanzar supermercados lejanos y así recorrer carreteras vacías y mirar paisajes con entorno desconocido.

Todavía la preocupación por el desarrollo de pandemia nos agotaba. Mi mujer estaba con muchas dudas, y en la terraza con vista océano seguía preguntándose:

—No hay perspectiva de fin de la enfermedad. ¿Cuándo podría durar: meses, años? Y nosotros ¿qué haremos? ¿Estaremos siempre aquí en Charco del Palo? En resumidas cuentas habría sido mejor viajar con avión. Ahora estaríamos en nuestra patria, la patria chica.

—Para mí, y creo también para nuestra mascota, no hay una patria chica, sino que el mundo entero es patria, como ahora es España nuestra patria.

Mi mujer se quedó silenciosa un rato; luego preguntó:

—¿Entonces Clara logra la vuelta a Italia, su patria chica?

El relato lo había desarrollado ya. Enseguida dije:

—Clara, con la ayuda de Fernando, el empleado de la agencia del alquiler del piso, parte a Italia en el último vuelo. Y Antonio se queda solo, sufriendo por la falta del cuerpo de Clara y también por la noticia de que su esposa, que trabajaba como enfermera en el hospital de su ciudad había fallecido, afectada por el contagio del virus. Su hijo Carlos no es localizable por móvil, y solo por poco tiempo está en contacto con el hombre que había sido el amante de su esposa. La soledad lo agobia. No puede ni siquiera contactar a sus alumnos, porque ellos tenían prohibido mantener relación con él, un profesor sometido a un procedimiento reglamentar por el asunto sexual de sus clases

—Lo que ocurre es muy triste. ¿Qué hará a solas Antonio? ¿Por qué es este el desarrollo de la novela? ¿Por qué lo pensaste? Tú eres el autor, ¿no puedes mejorarlo?

—¡Por supuesto que no! Cuando el personaje sale de mi cabeza, es autónomo, tiene su vida propia, y yo tampoco puedo modificar su perfil. Antonio quiere lograr bienestar y felicidad, es un deseo interminable el suyo. Pase lo que pase, lo quiere. También ajustándose a nuevos entornos. Ahora, en la soledad, cree que no es el materialismo lo que trae felicidad, sino la espiritualidad. Quiere deshacerse de los sentidos físicos y carnales, quiere ser puro espíritu, como los primeros ermitaños cristianos, elige la filosofía de Plotino, su idea del *nous*, el uno que une el múltiple sentido de la realidad. No más casualidades, sino que todo tiene finalidad, la perfección interior: nunca más *corpora mundi,* sino *alma mundi*. En la vida, día a día está solo lo esencial. Una cueva para dormir y escasa comida para sobrevivir. Casi nada de ropa para vestir. La única excepción a lo que parece esencial es la compañía del perro, que todavía se vuelve enseguida en esencial, porque una vez que estás con este animal no puedes prescindir de él.

—¿Quieres decir que la felicidad ahora se le da el perro y no el cuerpo de Clara? ¡Como es tu costumbre, exageras siempre!

—No, es la verdad que se determina por el nuevo entorno. El perro será el único con quien dialoga, y se los verá recorrer los senderos de Charco del Palo y coger limosna.

—Se ha convertido en un vagabundo, como los que pueblan nuestras ciudades hoy en día.

—No era esa mi intención, pero si lo parece así es cosa útil para comprender qué humanidad hay detrás de dichos vagabundos.

—Al final Clara vuelve a Italia y Antonio se queda en Charco del Palo como vagabundo junto con perro. Este relato me parece casi familiar —concluyó sonriendo Julia.

Entonces me piqué y guardé silencio.

La idea de un Antonio que se convierte en un vagabundo que da vueltas con el perro por limosna a mí me vino viendo a un hombre de edad madura a lo largo de senderos de Charco del Palo que andaba junto con una perrita muy guapa y con la mochila arrugada llena de cosas recogidas en el entorno. Un día lo encontré mientras yo paseaba con Teddy. Los perros, que se olieron al gusto, enseguida trabaron amistad. De repente habría querido apartarme, pero luego pensé que no era correcto ignorar a un ser humano, como hoy ocurre con todos los marginados que no tienen voz ni palabras, ignorados, hasta que estallan. A menudo son trastornados, guardan silencio en su burbuja de invisibilidad. Se cubren la cabeza con una capucha hasta los ojos. Rebuscan furtivamente en los contenedores de basura, indigentes avergonzados con su carrito de la compra buscando comida. Los llamarías náufragos invisibles, fantasmas que habitan puentes, paradas y estaciones del metro, sin que los vemos.

Estos pensamientos sociológicos y la amistad surgida entre perros me convencieron a quedarme y a conversar con el vagabundo.

Lo cierto es que no quise conocer su biografía y por qué vivía en tal situación miserable. Pregunté qué necesitaba.

No miré ni su cara ni a sus ojos, su voz era incomprensible, me pareció un gruñido de animal herido.

Con gestos me hizo comprender que pedía monedas y comida para la perrita.

Di un billete de diez euros y me alejé agotado, obligando a mi mascota a marcharse mientras quería seguir jugando.

Me pregunté a mí mismo: ¿cuáles relatos están detrás de estos fantasmas de la sociedad de hoy en día? Pobreza, enfermedad mental, trastornos de personalidad, falta de trabajo, alcoholismo, toxicomanía, fracaso afectivo y, ¿además?

¿Por qué no puede ser también elección de vida, filosófica, existencial?

Entonces pensé en mi personaje Antonio. El vagabundo a mí me sugirió la nueva vida del profesor de filosofía que se quedó en Charco del Palo durante la pandemia y el confinamiento.

Sus ideas se envuelven, su mente se pierde en el mundo abstracto del misticismo. ¿Tendrá éxito? ¡La tentación carnal es muy fuerte! Puede con facilidad caer en la tentación por el cuerpo femenino, que lo excita siempre.

Yo mismo me quedaba perplejo. Antonio se ponía enigmático. No sabía más lo que quería, sobre todo en aquel periodo difícil del confinamiento.

Podía imaginar cualquier desarrollo del nuevo asunto.

Cada mañana, al amanecer, mientras paseaba furtivamente por los senderos de Charco, hacía pruebas de mi vista. Llevaba la mirada de aquí para allí, quería verificar si mis ojos habían vuelto a la normalidad. Me daba cuenta de que muy lentamente el eje de la mirada día a día daba en un objeto reduciendo la duplicación. Estaba quitándome del malestar.

Pero no dije nada a Julia para que no pusiera el asunto del regreso a Italia tan pronto como habría acabado el contagio.

Cuando mi mujer me preguntaba cómo estaba, le contestaba evasivo:

—No hay mal, el tiempo sana.

—¿Cómo el tiempo? Sin medicamento será muy lenta la mejoría.

Ni siquiera durante los meses de la pandemia el tiempo curaba, ¡es más! El número de fallecidos en los Estados del mundo entero seguía subiendo, alcanzando niveles nunca conocidos; escuchar los comunicados diarios de los medios del mundo hacía poner la carne de gallina.

Mi mujer empezaba a volverse loca. Estaba asustada, en verdad también yo empezaba a estar asustado.

Al final de abril me di cuenta de que no tenía más el malestar a los ojos. Veía bien. Esta vez se lo dije enseguida a Julia, que fue feliz y aclaró:

—Retrasaremos aún un poco nuestra salida. Sería bastante que el contagio de pandemia, alcanzado el punto más alto, empieza ahora a decrecer y así los Estados puedan aflojar las medidas del confinamiento y nosotros podamos cruzar el territorio español, francés y por fin el italiano.

Pero el problema para mí no era solo cómo o cuándo volver a nuestro país.

Ahora era: ¿qué perspectiva teníamos delante para viajar al porvenir?

¿Debería decir a Charco del Palo adiós para siempre? Eso me causaba dolor, llevaba la contraria a mi felicidad.

—Solo si la sanidad halla el medicamento justo se puede detener esta tragedia que afecta al mundo entero —dijo mi mujer en rato de reflexión.

—No un medicamento, sino una prevención que puede dar solo la vacunación —precisé.

—Ahora sí es una cuestión de tiempo. Las empresas farmacéuticas no encontraran fácilmente el antídoto al desconocido virus chino. Tendremos que vivir con esta enfermedad a la larga, y las restricciones seguirán siendo por Estados, y será siempre más difícil viajar, el turismo se bajará y la economía entrará en grave crisis.

—¡Y nuestra felicidad tenemos que ponerla por delante!

Efectivamente, alcanzado el ápice, el contagio empezó a bajar. En mayo parecía posible suponer un proyecto para la vuelta a Italia.

—Podría ser al final de junio el regreso. Vamos a la oficina de Trasmediterránea y cambiamos de fecha los billetes del buque —sugirió Julia, más tranquila.

Para mí el mes de junio estaba temprano. Dije:

—Es más prudente atrasar de un mes más o menos nuestra marcha. Sería óptimo programar el viaje de vuelta a los primeros días de agosto.

—Eres incorregible. Vamos a finales de julio —concluyó Julia, que a continuación preguntó:

—¿Tu Antonio se queda en Charco de manera definitiva y la novela se acaba?

—¡No sé! —contesté.

—¿Cómo que no sabes?

—Antonio no es capaz de tomar con todo derecho la filosofía espiritual, la situación extrema de su vida en Charco del Palo no le da felicidad o bienestar. Los sentidos sexuales están allí siempre presentes. ¿Qué puedo hacer yo, que soy su autor? Puedo llevarlo a la total ruina, a la caída final o reconducirlo a su vida en plenitud. Entonces tengo más desarrollos para el final. Creo que él también vuelve a Italia con Clara en avión, donde su mirada se cruza con la de la misma persona transexual del viaje de ida. El círculo se cierra, como a menudo ocurre en la vida real.

—No he comprendido nada —confesó mi mujer. Y guardó silencio. Después dijo—: No pasa nada. Antonio no me pertenece. Es tu personaje y vamos a dejarlo en su mundo caótico. ¡Ya la realidad está bastante complicada!

En la oficina de la compañía naviera Trasmediterránea en Arrecife el empleado fue muy cortés, cambió la fecha sin gastos adicionales. El sábado de la última semana de julio quedó fijado el embarque con destino a Cádiz. A las dos de madrugada.

Mi mujer estuvo feliz, yo un poco menos, pero estaba convencido de que por aquella fecha mi novela se habría acabado.

El problema consistía en la hora de salida. Subiendo al buque mi perro tenía que ir enseguida en la jaula, lo que, sin duda, habría provocado la misma tensión que ocurrió en el viaje de ida.

De verdad que esto nos agobiaba a mi mujer y a mí. Teddy se habría vuelto loco, para no quedarse en jaula, yo no habría dormido, de lo contrario habría debido ser cínico e ignorar sus lloros. «¿Por qué no podía llevar al perro conmigo en camarote?», seguía preguntándome.

Y así la vuelta ocurrió igual que durante la ida.

Teddy desesperó y yo lo fui a buscar para sacarle de la jaula después de unas pocas horas de descanso en camarote.

Por fin desembarcamos en el muelle de Cádiz.

Nos acogieron un calor asfixiante y el policía que nos preguntó:

—¿Turistas de temporada larga?

—Sí —respondí y añadí—: turistas de prórroga inesperada de vacaciones.

4

El perro viaja en camarote

La Organización Mundial de la Salud hace poco tiempo ha declarado conclusa la emergencia sanitaria de la pandemia CO-VID-19. En el momento en que escribo es el 1 de junio de 2023, llevan tres años desde el estallido de la enfermedad contagiosa originada del virus chino y nadie habla más de la COVID-19.

Bien porque hay otras emergencias como la guerra en Ucrania con imágenes aterradoras de muerte y sufrimiento, bien porque se quiere olvidar un tiempo vivido con restricción, que ha producido crisis económica y muchos parientes y amigos fallecidos de manera atroz con soledad y marginación.

Por supuesto, para las sociedades afectadas el periodo de pandemia fue un agujero negro en el que pareció precipitarse la humanidad sin alguna posibilidad de salvarse. Dominó la desesperación, mientras ahora se mira con indiferencia a la enfermedad porque estamos fuera de peligro: es fácil ahora hablar de manera lejana y tomar también una posición crítica respecto a las intervenciones médicas como las de las pautas de vacunación.

Pero antes de que las empresas farmacéuticas pusieran las vacunas contrarreloj, todos esperaban de la ciencia médica un antídoto contra la pandemia.

Ocurre siempre que frente a las calamidades, el ser humano se encuentra en un conflicto entre suerte individual y la colectiva.

Es más sencillo seguir el interés personal desentendiendo el general.

Sin embargo, la vacunación tenía que ser un deber social, el uso de mascarilla también tenía que serlo, las restricciones igualmente tenían que serlo.

Para mí cada vez que había intervención social de salud pública, la creía muy importante y la respetaba porque significaba limitar el contagio para volver a la libre circulación de los coches y para retomar a los viajes.

—¿Quién sabe si nunca podremos volver a viajar en vacaciones cuando llegue a su fin el contagio? —pregunté a mi mujer, que se puso ella a conducir el coche después del desembarco. Para ella era como si poniéndose al volante quisiera huir más pronto del calor de Cádiz.

Julia no me contestó a mi pregunta, porque la juzgó inútil y repetitiva. Dijo solamente:

—Llegando a Italia, tendremos que someternos a prueba anticontagio. Creo que debemos en este viaje tener en cuenta los peligros del contagio. Mascarillas y distancia nos ayudarán mucho.

—¿Y el perro?

—El perro ¿qué?

—Podría contraer la enfermedad…

—No, no hay evidencias científicas de que eso ocurra, aunque el virus es de origen animal.

Durante el viaje a lo largo de la península ibérica se advertía el clima de sufrimiento y de restricciones por la pandemia, de tal manera que afectaba cada esquina de los sitios que se recorría. Carteles de cierre por COVID-19. Carteles para guardar las distancias. Carteles para desinfectar las manos. Carteles para llevar las mascarillas. Carteles para definir entrada y salida de locales. Carteles para servicios negados a las mesas de restaurante o bar.

Frente a unos carteles de prohibición por una calle casi desierta de la ciudad de Granada, nuestra primera etapa, estallé a reír.

—¿Por qué ríes? —preguntó Julia.

—¡Esta es una situación paradójica!

—¿Qué?

Entonces motivé mi carcajada.

—Para mí la prohibición que vivo con profundo sufrimiento ha sido siempre por el perro. Ahora ver que hay muchas prohibiciones para los ciudadanos comunes y no para animales, aunque los seres humanos son animales, como se sabe, me divierte mucho, en el sentido de que todos pueden entender al fin y al cabo qué significa estar impedidos. Solo para quien no tiene contagio la prohibición decae. ¿Entonces quiénes son estos seres para los que no hay ninguna prohibición? Son los perros que tienen ahora con la pandemia más importancia que antes. Podrían entrar donde los humanos no pueden: ¡es venganza!

—Más que reír, tienes que reflexionar —dijo Julia—. Los seres humanos miran al provecho. ¿Cuántos irán a la perrera, durante esta pandemia, por un perrito para llevárselo a su casa y estar autorizados a salir a la calle, a pesar de la prohibición de los paseos?

La parada en Benidorm fue algo de asombroso. El sitio turístico con los singulares rascacielos estaba vacío y unos raros turistas paseaban como fantasmas por las calles de un pueblo fantasmal.

Benidorm, en la comunidad autónoma de Valencia, cerca de Alicante, es la joya de la corona de dicha Costa Blanca. De un pequeño pueblo de pescadores hasta los años sesenta, se ha vuelto centro turístico explosivo y orgulloso. Siempre durante cada temporada está lleno de montón de turistas, y a las sombras de multitudes de rascacielos había carteles de prohibición para los perros.

En cambio, ahora, durante esta pandemia los carteles para los animales habían sido sustituido de los para evitar el contagio.

Por eso fue fácil para mi mujer hallar en su búsqueda con el móvil un piso en un rascacielos abierto que admitiera también a los perros. Las habitaciones estaban encima de veinticuatro plantas.

Con gran felicidad pude pasear con mi perro por las playas de Benidorm, sobre todo por la de levante. Alrededor de su arena blanca, la playa era toda para mí y mi perro.

Pensé que la calamidad transforma al ser humano y sus reglas. Pero a veces es solo un rato, porque inmediatamente después vuelve la misma injusticia, a pesar de haber presumido durante dicha calamidad de un nuevo orden.

Llegando, después del paseo, a la habitación del rascacielos, mientras hacía ver a mi mujer al ventanal las playas entre los rascacielos, le dije:

—Ha sido algo magnífico poder pasear con mi perro donde hay siempre prohibición. ¿Por qué lo que es excepcional no puede ser normal, usual?

—¿Eso quiere decir?

—¡Ir donde quiero con mi perro!

—¿Entiendes? Las reglas son reglas, tienes que seguirlas. Ahora que hay una enfermedad, valen las de salud pública.

—¡Bueno! Pero cuando los demás animales siguen discriminados, y el ser humano se hace el dueño del planeta destruyendo y matando, todos los seres vivos están amenazados. Es extraño que de todas las especies homínidas solo el *homo sapiens* ha sobrevivido. ¿Y las demás especies? Es esto lo que a mí no me convence. Lo que le ocurre al perro, lo que nosotros vivimos por el perro, todas las restricciones y las prohibiciones que hay en contra de los perros, nos hacen comprender que es la costumbre del *homo sapiens* contraponerse a las demás especies animales. El *homo sapiens* se ha impuesto y quiere dominar al mundo. Y eso me preocupa, porque trae destrucción a nuestro planeta. No sé por cuánto tiempo aún podremos seguir junto con el planeta y con todos los seres vivientes.

—Sin embargo —observó Julia en conclusión—, esta pandemia que ahora padecemos amenaza la supervivencia del *homo sapiens*, considerando los millones de fallecidos por neumonías. La vida es respirar. Si eso falta, hay muerte. La respiración nos pone en contacto con el aire, y si el aire es insalubre, nos enfermamos. Ahora tenemos que prestar toda nuestra atención a la defensa del ser humano. Si el ser humano sucumbe, también otros animales sucumben, entre ellos los perros.

Acercándonos a la frontera francesa la verdad tenía gran miedo de que nos parara por control la guardia civil y, tomando la temperatura de mi cuerpo, me obligara a ponerme en cuarentena, aislándome de mi mujer y del perro.

—Por el momento —dijo Julia, con la que había compartido mis miedos—, jamás hemos hallado puestos de bloqueo de policía, y en segundo lugar tú no tienes fiebre, ni la tengo yo, ni siquiera Teddy. Por lo tanto, quédate tranquilo. Sigamos conservando las precauciones para evitar el contagio. Solo así nos quitamos el miedo. Los tuyos son miedos de niños.

—Sí, bueno. Pero si ocurre lo que temo, ¿cómo se hace con el perro? Estos son miedos no de niño, sino miedos que me trastornan. Viajar en pandemia es muy peligroso. Hasta aquí no hemos encontrado ningún problema, sino un poco de desolación y abandono. Pero ahora que cruzaremos las fronteras de Francia y a continuación la de Italia, ¿qué podría caer? ¿Nos pararán? ¿Nos impedirán de proseguir hasta nuestra nación?

—Es claro que cada restricción social está en contra de los derechos garantizados por la democracia. Todavía porque suspender las reglas demócratas es para el bien público, tenemos que compartir y tener confianza en lo establecido. Después tenemos que esperar que al poco vuelva la democracia. No creo que nuestro viaje de regreso a nuestra patria esté obstaculizado. No creo que encontremos bloqueos alcanzando Francia. A ciencia cierta no sabemos si antes el contagio nos afectará también a nosotros.

En efecto, llegamos a Perpiñán sin problemas: escaso tráfico en la autopista, y ningún bloqueo de policía en la frontera francesa.

Estábamos en Francia. El trastorno era el mismo: soledad y ciudadanos preocupados, con actitud sospechosa, las caras escondidas por mascarillas, ojos con mirada dudosa.

Montpellier era una ciudad vacía, ¿dónde estaba la vivacidad de vecinos y turistas que en el viaje de ida habíamos encontrado por sus calles?

—¿Entonces, llegando a Italia, si no encontrásemos otros problemas, tenemos que verificar al volver a casa si estamos contagiados? —pregunté a mi mujer, acercándonos a frontera italiana.

—Las autoridades italianas han dispuesto que todos los que entran en el territorio nacional tienen que ponerse por unos días en cuarentena o bien someterse a las pruebas para detectar la COVID-19 —precisó mi mujer, que seguía informándose a través de diarios digitales en móvil.

—No deseo someterme al test de antígenos —confesé—, es algo fastidioso, meten en las narices un palito y tal vez el palito lo meten también en la garganta. Casi es lo mejor hacer cuarentena enseguida sin hacer la prueba. Sobre todo no teniendo síntomas de gripe.

—¡No nos confundamos! Una cosa es el análisis para descubrir el virus, otra es la cuarentena, que es una medida de seguridad para impedir la difusión del contagio. Es lo mismo el efecto de aislamiento que el de las mascarillas. Por honradez tenemos que someternos a la prueba. Los test y los aislamientos serán medidas que escucharemos cada vez que los gobiernos quieran enfrentar que la pandemia vuelve a difundirse.

Tenía ya que convencerme que empezaba una temporada en que no solo estaba limitada la movilidad y ni se podía viajar por vacaciones, sino que la vida de cada día había cambiado y la vigilancia sanitaria estaba siendo constante, y no estaba de más hacer cosas sencillas porque todo podía promover el contagio. Por lo tanto, pensé que tenía que reinventar mi vida, aunque no podía prescindir de pasear con mi perro y escribir novelas.

Pensé también: ¿y si me enfermo? Una gripe es una gripe, pero la COVID-19 resta la respiración. En el pasado, a menudo me enfermaba por gripe, pero siempre lograba bienestar sin fármacos, quedándome tranquilo y haciendo las mismas cosas que cuando estaba bien.

Pero si ahora era el virus chino el que me afectaba, ¿cómo habría luchado? ¿Mis ideas liberales habrían podido funcionar? Nuestro cuerpo tiene costumbres que ayudan, pero siempre con conductas conocidas. ¿Pero y si le entraban novedades hasta ahora extrañas?

El miedo se hizo básico y existencial. Se había apoderado de mí, pero no podía llevarlo fuera de mí. Debía quedarse íntimo y secreto.

Me di cuenta de que él se destacaba cada vez había un asunto que atañía al contagio. Lo que me angustiaba ahora no era solo no poder disfrutar de vacaciones y deber quedarme en casa, sino el peligro de contagiarme y no poder respirar.

Antes de alcanzar nuestra casa en Brescia, mi mujer, a través internet en móvil, había logrado ya una reserva para someternos a las pruebas, y como llegábamos de países extranjeros, teníamos prioridad.

—Bueno —dije—, así sacamos la preocupación de contagio. La duda es insoportable.

El día siguiente de la llegada a Brescia estábamos en cola de coches, porque la prueba se hacía sin que el interesado saliera de coche.

La cola era muy larga, pero, cuando dijimos que la prueba era por regreso a Italia desde países extranjeros, enseguida nos hicieron salir de la cola y alcanzar un cobertizo, donde había enfermeras que estaban listas con la prueba. En la mano derecha tenían un palito para introducirlo en nariz.

—¡Estate tranquilo! —dijo mi mujer, notando mi inquietud—. Experimentarás sólo un poco de molestia. Deja al perro en el asiento de atrás, no quiero que también haya un problema en el coche.

—¿De dónde llegan ustedes? —preguntó la enfermera, mientras el palito entraba en mi nariz, provocando no solo fastidio, sino verdadero y propio dolor.

Mi mujer no le respondió, presentando su cabeza desde la ventanilla del coche a otra enfermera con palito, en cambio yo, mientras me masajeaba la fosa nasal, contesté con jactancia:

—Sí, sí, venimos de Canarias, de islas Canarias, ¿sabe usted dónde está este archipiélago?

—¡Claro! —exclamó la joven enfermera—. A menudo durante el invierno tomo el avión desde el aeropuerto de Bérgamo y en menos de cuatro horas estoy a Lanzarote. Pero el próximo invierno no iré por la pandemia, lo que me angustia mucho. Las restricciones seguirán siendo muy estrictas, a saber por cuánto tiempo no podremos viajar.

—Dime, amable enfermera, ¿acabará alguna vez esta pandemia?

La joven sanitaria, sin interrumpir las pautas de extracción y sedimento de mi tejido, dijo:

—La vacuna será nuestra salvación, a lo más pronto tendremos el suero pero toda la población deberá vacunarse; si ocurriera así, dentro de unos años terminará esta enfermedad que ahora impide la movilización y nosotros volveremos a viajar.

—¡Esperamos! —observé—. Mi deseo es no deber que someterme a nueva prueba nunca más. No es solo fastidiosa, es dolorosa.

—Lo que dice usted es raro. Tiene que esperar que no se enferme a lo largo de la pandemia, que no pesque el virus: esta prueba nos ayuda mucho en la lucha contra la difusión de la enfermedad. Y cuando esté lista la vacuna, no debe tener demora. Debe ser el primero en vacunarse, si quiere volver a las islas Canarias, que es un archipiélago maravilloso.

Mi mujer parecía molesta por las muchas palabras con la enfermera. Dijo de manera resolutoria:

—Hemos cumplido las pautas, podemos irnos. Pregunta a tu enfermera, que ahora es también tu amiga, cuándo conoceremos las respuestas de los test.

—Si no llegan las respuestas a sus correos electrónicos —precisó siempre con amabilidad mi enfermera—, quiere significar que la prueba es negativa y ustedes no tienen que seguir los días de cuarentena.

Pasaron muchos días y de la prueba no supimos nada.

Entonces nos convencimos de que en Lanzarote y durante el largo viaje para regresar a Italia el virus chino había estado lejos de nosotros, de mi mujer Julia, de mí y también de mi perro Teddy.

—¿Y ahora?

—Y ahora, ¿qué?

—Para quienes aman viajar —dije a mi mujer después de unos días de adaptación al regreso a nuestra casa—, las restricciones son más intolerables. Cerrados en la habitación la vida se calla, no tiene interés. Espero que a corto plazo haya una vacuna.

—A ciencia cierta, con el otoño el contagio irá creciendo, habrá mucho más bloqueo de movilidad. No creo que haya vacuna dentro de poco. Por lo tanto, cálmate: el invierno próximo de 2020 y de 2021 no viajaremos a Canarias, estaremos en nuestro piso esperando siempre que no nos contagiemos.

—Ya me falta Lanzarote y en manera particular Charco del Palo, su virtud creativa para mí y los paseos de madrugada con el perro, con el lanzamiento de la pelota en la atrayente explanada volcánica. ¿Qué haremos en diciembre aquí en Brescia, hundidos en el frío y en la nieve? Tenemos que regresar a pasar aquí las festividades de Navidad y de Nochevieja. Esta pandemia golpea las historias individuales de cada uno de nosotros.

—No seas llorón, querido. Tenemos que estar bien. No hay otra preocupación, sino evitar el contagio. Esperamos que sea solo un año el que no hagamos el viaje a Lanzarote. Podremos sacar provecho durante este tiempo acostumbrando a Teddy a estar solo. Esta costumbre se volverá útil cuando retomemos el viajar. Si no empieza despacio, jamás logrará la soledad sin sufrimiento. Para el animal doméstico, aprender a estar solo es útil. No olvides lo que ocurrió en el buque durante la navegación de ida y vuelta de Cádiz a Lanzarote, cuando el perro no quiso ser dejado en la jaula sin su amo. En la vida, a menudo ocurre que lo que es inconveniente se convierte en útil.

Permanecí en actitud reflexiva unos minutos y luego aseguré:

—De verdad no creo que se pueda acostumbrar o que aprenda a estar a solas. Porque no es un compromiso pesado para mí, seguiremos haciendo como siempre.

—Demasiado a menudo me tienes que llevar la contraria, ¿por qué?

—Las ideas que rodean mi cabeza no me hacen compartir lo que tú dices, el comportamiento del animal no se acostumbra por adiestramiento, sino a través de la relación que él tiene con su dueño. Y tú lo sabes bien, porque siempre ha sido también convicción tuya.

Mi mujer pareció agotada. No contestó nada y guardó silencio.

Al final del verano de 2020 el contagio retomó la subida y siguió matando en todos los países del mundo a millones de personas, sobre todo mayores y personas con enfermedades.

Ver en la pequeña pantalla los números de los fallecidos de cada día me agobiaba mucho.

Prefería apagar el televisor y salir con el perro por paseos que me despejaran las dudas sobre esa tragedia.

Pero no había solución. Me parecía que la ciencia sucumbía.

Entonces me asía a una esperanza: la del tiempo. Todo, antes o después, habría acabado.

Y mi mujer, el perro y yo retomaríamos viajar. Y el destino sería Lanzarote.

Julia notó que estaba agotado. Me preguntó:

—¿Y tu novela *Corpora mundi* quieres editarla? Así haces algo y no te apenas por lo que está ocurriendo en el mundo.

Agradecí el interés de mi mujer por mi actividad de escritor. Sin embargo, la escritura es panacea para el alma agotada. Sobre todo me gustó hablar del destino de mi libro. Porque un manuscrito es como un hijo. Es un crío del que se cuida siempre, antes y después del final. Corregir las pruebas es algo fascinante, estás dentro de la obra.

—Estoy con las pruebas —respondí a mi mujer y añadí—: Pero me molesta que nunca tuve una editorial que no pidiera contribución económica por autor para imprimir. Nunca una editorial que apostara sobre mi obra, sobre el valor literario del manuscrito que iba a pedir imprimir.

—Pero así has podido publicar todas tus novelas, quizá ahora estarías aún buscando a una editorial por el manuscrito de tu primer libro. El deseo de leer tu novela en un libro impreso en papel o en digital no habría sido satisfecho.

—Para mí no da igual publicar con gastos o sin gastos, aunque el gran autor portugués Fernando Pessoa dice que el verdadero noble destino es el del escritor que no está publicado.

—¿Entonces un autor escribe por sí mismo y no por los demás?

—Sin embargo, con un lector que haya que lea tu novela, el cuento y los personajes toman vida. Si no ocurre esto, el relato está muerto, no existe. En la librería de mi despacho tengo muchísimos ejemplares de unas novelas que la editorial ha querido que yo comprara con anticipación para la publicación de los manuscritos. Diez, a veces veinte ejemplares que están en la estantería para dormir esperando que alguien los tome para la lectura, que es la sangre que da vida a los cuentos y a los personajes. Se me estrecha el corazón al ver un montón de libros iguales como fueran ejemplares baratos.

—Habrías tenido que organizar más encuentros para anunciar novelas tuyas. Claro, que ahora no está permitido por la COVID-19.

—Tú sabes bien que años atrás así hice, pero ¿con qué resultados? Sillas vacías, ejemplares no vendidos, escasa atención de lectores y de periodistas, invitados a su vez. Un verdadero fracaso, a pesar de todo, del compromiso y del trabajo organizador.

—Ahora con restricciones se puede estrenar el libro en internet a través una mesa digital; puedes pedir a la editorial que te publique que organice tu novedad literaria de esta manera. También la escuela pública ya hace estas cosas telemáticamente.

—No, no estoy nunca disponible, ni quiero imprimir con gastos, ni organizar estrenos en persona ni a distancia. Seguiré escribiendo sobre todo ahora durante la pandemia e iré a pasear con mi perro esperando poder retomar el viajar.

—Tienes muchos recursos para vencer tu depresión, es decir, para lograr tu bienestar. La escritura es uno, y creo que para ti es muy importante. Otro es la amistad con tu mascota. ¿El tercer recurso podría ser yo?

Pensé: mi esposa espera una gran declaración de amor. Pero me vino más natural decir:

—¿El cuarto recurso no lo dices? El que yo pongo, después de la amistad con el perro, que es el de viajar.

—Esta jerarquía tuya es diferente a la mía. Digo más: no hay jerarquía de lo que ayuda más a la hora de lograr la felicidad. Tienes que disfrutar de lo que es posible en los momentos de tu vida. No puedes seguir buscando lo que no hay.

Me di cuenta de que no hay felicidad tuya, privada, si la sociedad en la que vives está enferma. Puedes cerrarte en tu individualismo, pero lo inevitable choca con lo que se desea. La pandemia destacó que el destino humano es único. No hay posibilidad de escape.

Mis recursos, no uno u otro, sino todos, podrían funcionar si las naciones miraran para el bienestar de los ciudadanos, a través de las libertades demócratas.

Mientras nacían por todas partes movimientos de oposición contra cada tipo de restricción en nombre de los derechos constitucionales, mis pensamientos cada vez más se referían a la ciencia. Era la ciencia médica en la que al final tenía que confiar. Los Estados que deben garantizar la salud pública no podían ser dejados a solas, y aunque siempre hay intereses económicos también en sanidad, las empresas multinacionales del fármaco habrían, sin embargo, hallado en la vacuna la respuesta al problema del contagio, porque estaba en el contagio la maldad de la enfermedad.

Por lo tanto todos los que protestaban en la calle contra las medidas para bloquear la enfermedad, a fin de cuentas la favorecían.

Al comienzo de 2021 los medios de comunicación anunciaron la nueva vacuna que habría derrotado la pandemia.

La búsqueda científica se había acabado. Se quedaban los que yo definí detalles en contra de los pensamientos de mi mujer, que me dijo por la tarde de un día de febrero del nuevo año:

—¡Tenemos que esperar aún, para comprender bien esta vacuna!

—¡Detalles, detalles! —grité—. A corto plazo volveremos a viajar. Tomemos contacto con Trasmediterránea y pidamos que reserve un camarote de Cádiz hasta Arrecife en Lanzarote. Veamos también si en Charco del Palo hay un piso para alquilar. Al final todo vuelve a la normalidad.

—¿Estás loco? A corto plazo habrá aún epidemia y fallecidos. ¡No te ilusiones! —Mi mujer quería frenar mi excitación pero mi cerebro había movido las más hermosas imágenes sobre el futuro próximo. La realidad se había hecho trizas; para mí solo escuchando la palabra «vacuna» significaba rescate. Era también un gran éxito de la ciencia contrarreloj. El hombre *sapiens* había, una vez más, logrado su supervivencia—. En tan poco tiempo —añadió Julia mientras paladeaba zumo de naranja y con Teddy en las piernas—, ¿cómo es posible que se encuentran las vacunas apropiadas? Antes hay experimentación y después las autoridades internacionales del fármaco las confirmarán. Hay que tener dudas porque la vacuna actúa sobre nuestro sistema inmunitario.

No me gustó esta posición dudosa de mi mujer, porque me parecía muy cercana con la de los que se ponían contra de ciencia, los que eran llamados los «antivacunas».

En segundo lugar, lo que me hacía cabrearme era ¿cómo era posible ante la tragedia de la pandemia desconfiar de la ciencia?

No era un problema de libertad de pensamiento. Eran locura e ignorancia. Estaba convencido de que si la vacunación masiva empezaba muy pronto, seguro que el próximo invierno habría vuelta a la libertad de circulación y habríamos podido retomar a los nuestros viajes.

Dije a mi mujer:

—Alejemos nuestras dudas, y apenas los centros de salud empiecen con las vacunas, iremos los primeros a vacunarnos, nos inmunizaremos, volveremos a ser libres de movernos.

—Como es tu costumbre te estás apresurando. Pasarán meses antes de que las vacunaciones sean exitosas. Veremos hechos asombrosos.

—¿Por qué este escepticismo? Si hay vacunación de masa se detendrá el contagio, los gobiernos harán un esfuerzo grandísimo para organizar el suministro de vacunas. Y creo que muchísimos irán a vacunarse, porque están cansados del sufrimiento y las restricciones sociales.

Efectivamente, autorizados los sueros por autoridades sanitarias mundiales y europeas, los gobiernos nacionales dieron el comienzo de vacunación masiva. Las pautas de ejecución fueron adelantadas por campaña publicitaria a través los medios de comunicación.

Todos hablaban de vacunaciones, los que estaban a favor y los que estaban en contra. Pero a corto plazo se vieron colas interminables ante los centros de suministro. Los números de vacunados enseguida subieron a ritmo vertiginoso.

—Si lo que está ocurriendo con las pautas de vacunación tiene eficacia, el invierno que viene —dije muy excitado a mi mujer—, podemos imaginar de repetir con nuestro perro el viaje a las islas Canarias, siempre en coche, siguiendo sin coger el avión.

—En primer lugar, tenemos que vacunarnos, y también con la segunda pauta. Después tenemos que ver si Trasmediterránea tiene un camarote libre. En segundo lugar, debemos aceptar que Teddy sufra cuando lo dejemos en la jaula en el buque de Cádiz a Arrecife, porque tú no quisiste acostumbrarlo a estar a solas.

—Para mí la primera vacuna está reservada para el 6 de junio —precisé, sin dar importancia a lo dicho de mi mujer—. Ahora tienes que reservar la tuya. En este momento la vacunación es importante también para lograr el permiso de circulación.

—Lo sé, lo sé. Podías reservar también para mí la vacunación, ¿no?

—Sin duda, pero no estaba seguro de tu parecer. Mira lo que ocurre dondequiera que mires por la vacuna. Hay mucha gente que la rechaza, pensando que el antídoto trae perjuicio, hasta muerte. Normalmente son personas que no han sufrido la enfermedad en la pandemia. Solo quien ha sido afectado directamente o por familiares, que ha estado en tratamiento intensivo, parece listo a vacunarse.

—Sin embargo, yo no soy antivacunas. Querría solo saber qué me inoculan. Es mi derecho legítimo.

—No obstante, el perro cada año está vacunado —afirmé con decisión—. Nunca su dueño se preocupa de qué inocula el veterinario.

Mi mujer no contestó nada y guardó silencio.

En otro momento me dijo que había logrado una reserva de vacuna al final de mayo, antes que yo. «¡Bueno!», me dije, «los primeros pasos se cumplen para ir a Lanzarote».

El centro para el suministro de vacuna fue colocado en la estructura de la Feria de Muestras para los vecinos de la ciudad de Brescia.

Cuando por la mañana del 30 de mayo llegamos al centro para que vacunaran a mi mujer quedamos trastornados viendo al montón de gentes en la cola por las pautas de vacunación.

Acompañé a mi mujer junto con nuestro perro. No tenía intención de entrar en los sitios destinados para la vacunación. No tuve tiempo de apartarme con el perro, fui enseguida reprendido.

—Señor, quédate, no puedes entrar con el animal. Aquí hay un centro de salud, no una Feria Comercial. No están admitidos los perros.

—Lo sé, es mi mujer quien se vacuna. Yo vendré próximos días. Dígame, enfermero, ¿cuántas son las dosis?

—Son dos, pero ahora ¡apártate!

Fuera de la habitación di paseos con Teddy por el campo. Esperé la media. Luego vi venir a mi mujer, un poco abrumada.

—¿Qué pasa, Julia, todo bien?

—La enfermera me provocó dolor durante la vacunación. El brazo izquierdo me duele. Habría hecho sin vacuna: no soy su seguidora. Y encima no es bastante una dosis, ya está planteada la segunda dosis, dentro de quince días.

—Así se cumple la vacunación y para ti vuelve la libertad de circulación. ¿No eres feliz?

Yo, aún sin vacuna, estaba entusiasmado por Julia. Veía luz en el fondo del túnel. Toda organización, toda afluencia de ciudadanos significaban para mí el verdadero rescate contra la maldad de la enfermedad contagiosa. La ciencia empezaba llevando la delantera a epidemia, a pesar de pensamientos muy variados de complot. Sólo sentía que mi mujer no compartiera mi misma emoción y se doliera por el suministro de la dosis.

Después de unos días me tocó a mí. Aquel día fue un día muy importante. Se lo dije a mi mujer pero me señaló:

—Ten cuidado al momento del suministro de la dosis de vacuna. Puede provocar gran dolor en el brazo.

—No tengo miedo. Ni sentiré mal, porque el fin es la felicidad, poder circular y hacer vacaciones a las islas Canarias con mi perro.

—He dicho siempre que estás loco. La vacunación es fácil que cause fiebre, también muy elevada.

—¿Tú estás conmigo y también el perro? No hay problema.

Saludé cariñosamente a mi mujer, que notó:

—Mira que dentro de media hora ya estás fuera. No seas pegajoso.

No me di cuenta de últimas palabras de Julia. Estaba concentrado en lo que me iba a ocurrir. Quería ser preciso en lo que me indicaban que tenía que hacer.

Me senté enfrente de una joven doctora, la que, después de haberme mirado fijamente, me hizo unas preguntas sobre mis enfermedades anteriores.

Mi contestación fue siempre: «¡no!».

—¿Usted, a pese de su edad, no tiene nada que declarar? La sanidad pública tiene que saber si usted está afectado de cualquier enfermedad. Vamos a vacunarle y es oportuno tomar precauciones.

—¡Yo estoy bien, no tomo ninguna píldora!

—¿Ni siquiera contra la hipertensión?

—Ni siquiera —respondí, y en seguida añadí—: ¿Sabe usted por qué? Porque tengo a un perro que está siempre conmigo y viaja siempre conmigo. Así lucho contra la vejez y su decrepitud.

—¿El chequeo nunca lo ha hecho? —preguntó más inquisidora la doctora.

—No, yo creo que es algo inútil. Muchos piensan que el chequeo lleva a la enfermedad. No es el reconocimiento médico el que ayuda, sino un régimen de vida saludable, el movimiento físico, una buena alimentación, y sobre todo las vacaciones para una mente libre y feliz.

—Si usted fuera mi padre, ya me habría enfadado.

—Usted no es mi hija, y todo va bien así. ¿Ahora puedo vacunarme?

Me desplacé en otra habitación donde la enfermera me preguntó en cuál brazo tenía que inocular la primera dosis de la vacuna.

—Me da igual —respondí y en seguida pedí—: Una vez que esté vacunado ¿puedo tener un papel que atestigüe mi vacunación?

—¿Necesita el papel por su trabajo?

—¡No, para mis vacaciones!

—No se preocupe —dijo la enfermera—. Dentro de poco nuestro país tendrá ciudadanos que puedan circular porque tienen las vacunas y ciudadanos que queden bloqueados en casa porque se niegan a la vacunación.

—Quiero pertenecer a la primera categoría, porque quiero viajar.

Cuando salí del lugar sanitario mi mujer me vino al encuentro con Teddy, y en seguida me preguntó:

—¿Cómo estás, tienes dolores en el brazo?

—No, no tengo dolor. Todo bien. Dentro de un mes tengo que vacunarme con la segunda dosis. Ahora podemos empezar a programar el viaje de diciembre a Lanzarote.

—No aún, vamos a esperar a ver cómo funciona la vacunación masiva. Veamos si en realidad el contagio se interrumpe, si no hay malestar entre personas frágiles, veamos también si los gobiernos aflojan las riendas de la restricción social. Solo en ese momento, cuando todo para viajar esté claro, podremos planear nuestras vacaciones de larga temporada a las islas Canarias.

—Es decir: ¡nunca! —estallé molesto—. ¿Tú crees que de buenas a primeras el mundo volverá a la normalidad? Es hacerse ilusiones.

Julia no añadió nada y guardó silencio.

Mientras que en los medios de comunicación el debate sobre la eficacia de la vacunación masiva se desarrollaba de manera cada vez más violenta y en las calles de muchas ciudades europeas los disturbios eran siempre más impetuosos entre los antivacunas y los policías, nosotros fuimos a someternos a la segunda dosis de vacunación.

Por primera vez mi mujer quiso presentarse a solas en centro de suministro, negó nuestra presencia, la mía y la del perro.

En cambio cuando estuvo mi fecha, quise que mi mujer y el perro me acompañaran. Consideraba la segunda dosis una gran fiesta. Quizá porque yo veía en la segunda dosis el cumplimiento de un deber social que se proporcionaba con el deseo individual de felicidad.

Y en aquel momento la felicidad llegaba en el bloqueo de contagio epidémico, del fin de la agresividad del virus chino, y de que la comunidad internacional retomaba sus costumbres de tráfico comercial y turístico.

Salí de la vacunación con cara sonriente y mi mujer me dijo:

—Miro que estás feliz. Tú eres uno de los escasos ciudadanos que se vacunan con sonrisa. Esperemos solo que toda esta complejidad organizadora sirva para algo.

No respondí, guardé silencio y me bajé para decir a mi perro en voz baja: «En poco tiempo pasearemos por los senderos de Charco del Palo».

Llevaba más de un año y el sitio estaba en mi corazón con gran nostalgia, nostalgia de la naturaleza salvaje, de los espectaculares amaneceres, del sabor y del ruido del océano. También había nostalgia de libertad de los cuerpos, la desnudez que es parte de naturaleza y el descubrimiento del desnudismo como metáfora de vida instintiva.

Mi mujer me sorprendió:

—¿Por qué no disfrutar de las pautas de la vacunación?

—¿Qué es lo que me dices?

—Quiero decir —explicó mi mujer— que es posible para los que tengan las dos dosis de vacunas poder circular.

—¿Entonces quieres decir que podemos ir a las Canarias?

—No a las Canarias, es demasiado temprano, tenemos que esperar a septiembre por la reserva en Trasmediterránea. En este verano, si podemos circular por las vacunas, ¿por qué no ir a la isla de Cerdeña?

—¡Ojalá! Pero mi interés es siempre la isla de Lanzarote.

Mi frialdad sustancial ante la propuesta de mi mujer dejó caer cualquier perspectiva de viajar que no fuera hacia islas españolas.

Mientras que la epidemia no daba señales de aflojarse y ya se hablaba de una tercera dosis de vacuna, sobre todo para los mayores frágiles, mi mujer verificó si compañía naviera Trasmediterránea había abierto la reserva de Cádiz a Arrecife.

—Mira, mira aquí —casi gritó Julia muy asombrada, mostrándome una página digital de su móvil—. Trasmediterránea pone a disposición un número limitado camarotes con posibilidad de tener consigo al perro. Es la realización de nuestro gran sueño: viajar en buque junto con perro dentro camarote, y no más en jaulas bochornosas.

Pegué saltos de alegría y a mi vez grité:

—¡Coge de inmediato el camarote para el perro! No dejamos escapar la ocasión.

—Mantén la calma —frenó mi mujer—. En primer lugar, tenemos que estar dispuestos para gastos mayores. En segundo lugar, debemos saber cuándo llegaremos a Cádiz y en tercer lugar, tenemos que estar convencidos de que queremos viajar aún con nuestro perro.

¿Por qué estas preguntas ahora que al final nuestro deseo de tener con nosotros al perro en el camarote se realiza y trae consigo mucha felicidad?

No quiero estropear este momento de encanto, no puedo pelear con mujer propio ahora que nuestra historia de viajes con perro alcanza resultado positivo.

Entonces dije tranquilo:

—Están todas las condiciones para que vayamos a Charco del Palo. Hemos hecho vacunas, dos dosis, tenemos libertad de circulación con el coche, nadie nos prohíbe a nosotros pasar el próximo invierno de 2021 a 2022 en la isla canaria con el perro. No hay obstáculos, tenemos solo que hacer reserva para el camarote con perro para el noviembre próximo. Como estás en el móvil dentro del sitio de la compañía naviera aprovechemos el momento y reservemos el viaje en barco.

Julia me miró perpleja, no añadió nada, guardó silencio.

Me quedé muy pasmado.

Pasaron unas semanas, el diálogo entre nosotros pertenecía al comentario sobre las noticias de los medios de comunicación, siempre por la marcha de la epidemia.

Mi atención estaba toda en las normas restrictivas y si permanecía el permiso de circulación para quien tenía dos dosis de vacuna.

Al final de agosto mi mujer me dijo sin particular emoción:

—¡Ya está! El perro viaja junto con nosotros en el camarote. Hemos pagado un ojo de la cara, pero está en el camarote. Duerme con nosotros y estará todo el tiempo junto a nosotros.

Abracé a mi mujer, le besé los labios, busqué su lengua para besos húmedos, le alcé la falda, la excitación sexual estaba al máximo. Deseaba a su cuerpo, deseaba un gran placer, deseaba amor: esta era mi manera de expresar gratitud y felicidad. Siempre la alegría tan extrema me llevaba deseo sexual.

Teddy notó nuestra excitación y se estuvo encima de nosotros, enfriando mi rato de locura sexual.

—¿Cuándo es el barco para Cádiz? —pregunté.

—El 5 de noviembre; tenemos que marchar de Brescia diez días antes. Esperamos que no haya cambio de reglas en los gobiernos italiano, francés y español.

Un rato silencio y después la pregunta más importante para mí:

—¿Es el mismo piso de la otra vez en Charco del Palo?

—No —respondió mi mujer, tocando mi corazón—. He querido cambiar de lugar, no más en Charco del Palo, sino en Costa Teguise. ¿Recuerdas cómo era de agradable aquel sitio turístico?

Todas las esperanzas se derrumbaron. Guardé silencio largo rato.

Mi mujer me dirigió una mirada llena de ternura, y añadió:

—No te preocupes, iremos a pasear a Charco del Palo, que no está muy lejos desde Costa Teguise.

—Para mí, lo sabes, el sitio de Charco del Palo es lugar de felicidad de cada día con el paseo al amanecer y con imaginación narrativa. Cuando estoy allí mi cerebro va muy rápido y empiezan a vivir personajes e historias de pasión, todos los sentidos humanos se agitan y yo vivo otras vidas, otros amores, otros sexos. Con la creación literaria los deseos se convierten en placeres y satisfacción, tengo plenitud y bienestar, sin embargo, lleva a cabo cualquier gozo, más que en la realidad.

—Si para ti lo más importante es estar en Charco, además de ir cuando tú quieras, en próximos días veo si puedo tomar un piso libre para última semana de nuestras vacaciones. Así vivimos en un sitio turístico nuevo, pero no perdemos de vista el lugar del que estás enamorado.

Me di por satisfecho, y esta vez mi deseo sexual estalló y Teddy no pudo impedir que alcanzara un placer maravilloso con mi mujer.

Cuando empezamos a viajar al final del mes de octubre de 2021, las autoridades sanitarias de los gobiernos europeos autorizaron el suministro de tercera dosis de vacuna.

Esta última dosis habría debido dar definitivo espaldarazo al contagio, librando al final a los países de la epidemia.

—La tercera dosis la podremos hacer en Costa Teguise —dije, convencido de que mi mujer compartiera mi pensamiento.

Habíamos apenas salido de nuestra casa en Brescia, después de haber cargado las maletas hasta a lo inverosímil en el coche.

—No sé —me contestó Julia, mientras su mirada estaba recta hacia la carretera, habiendo querido conducir ella enseguida el coche.

—¿Cómo: no sé? —exclamé.

—Estoy cansada de las vacunas. ¿Tú sabes qué inoculan al final?

—¡Basta con esas posiciones anticientíficas! En Costa Teguise busco al centro de salud y quiero ser vacunado de la tercera dosis.

—Haz como quieras —concluyó mi mujer. Y no hablamos más de la vacuna y de la epidemia. Ante nosotros estaba el placer de volver a viajar por Francia y por la península ibérica.

El entorno durante el viaje no estaba muy diferente al que habíamos encontrado en el pico de epidemia cuando hicimos el viaje de vuelta un año antes. Lo que me creaba siempre inquietud era la presencia de las mascarillas en los lugares públicos, también por las calles. Seguían impresionando caras de solo ojos, sospechosos por toser y estornudar.

Las etapas en Francia y en la península ibérica fueron más o menos las mismas de otro año. Barcelona siempre fascinante.

—En el próximo viaje de regreso a Italia podremos elegir como parada la ciudad de Madrid y la conoceremos con gusto. Creo es una ciudad que encanta —propuso mi mujer mientras nos alejábamos de Barcelona.

Fue de verdad algo maravilloso cuando subimos al barco y no fui obligado a dejar a mi perro en la jaula.

Aún sentí dentro de mí una extraña sensación de náuseas, la misma que estaba sintiendo mi mujer. Me lo dijo.

Pero enseguida derrotamos esta sensación cuando cruzamos la recepción y nuestro perro andaba orgulloso junto con nosotros.

Entramos en el camarote: ¡extraordinario! El perro se asentó con nosotros en la cama, sin deber luchar, ni pelear con alguien.

El perro viajaba en el camarote. Un sueño que era realidad. Lo más de felicidad.

El camarote que habíamos pagado era agradable, porque tenía portilla hacia el mar, hacia el océano, hacia las olas oceánicas.

En camarote, con tu perro y con vistas al mar, vista al océano.

Abracé a mi mujer para compartir un corazón lleno de inmensa alegría.

De aquí en adelante hay un relato nuevo, diferente. Con el perro en el camarote durante la navegación de Cádiz a Arrecife y vuelta, ha sido como una conquista en una batalla que empezó cuando se le impidió subir al avión en el aeropuerto de Malpensa a Milán.

Ahora parece normal que en la compra de billetes para viajar en camarote tú puedes añadir: con los dos pasajeros hay también un perro, pequeño y amable, tranquilo. No es necesario describir cómo es el carácter del animal. Pero tú lo haces igualmente, porque hay siempre el miedo de que la compañía naviera de Trasmediterránea no acoja más al perro en el camarote.

Como todos los derechos conquistados por los seres humanos, la regresión está siempre al acecho. Tanto más los derechos de los animales, que son muy frágiles y poco compartidos.

La larga temporada invernal trascurrida en Costa Teguise fue agradable.

Mi mujer y yo nos encontramos bien en la casa de Calle de Panamá, que aunque estaba lejos del océano, nos permitía a corto plazo llegar a lo largo del paseo marítimo.

Convencí a mi mujer para la tercera dosis de la vacuna, por la que nos sentimos más protegidos bien respecto a la salud, bien respecto a las reglas de circulación.

La última semana de vacaciones al final de abril de 2022 fuimos a Charco del Palo. Para mí fue un gozo extraordinario, tanto que terminé la corrección de pruebas del manuscrito *Corpora mundi*, que mandé a una editorial con la que ya había publicado mis otras obras: ¡necesitaba de Charco del Palo para volver a entregarme a la actividad literaria!

En noviembre del año pasado volvimos a Lanzarote, por la larga temporada invernal de 2022 a 2023.

Mi mujer había elegido otra localidad turística en Lanzarote: la de Puerto del Carmen.

¡Que siga bien! Ahora hay un relato de vida en la normalidad, que deseo sea siempre de viajes y de amor por la belleza del vivir que trae felicidad.

5

¿Qué es felicidad?

¿Qué es felicidad?

Una pregunta demasiado cautivadora, a la que cada cual quiere contestar, no hay necesidad de saber, de conocimiento científico.

Por supuesto no es un concepto unívoco. Cada uno tiene su idea, ni es posible buscar un fondo común, sino que es una condición de bienestar al que todo ser humano —y no solo humano— aspira.

Hay muchos refranes como: la felicidad no existe, el dinero no trae felicidad, la felicidad es un sueño irrealizable, cada uno tiene su felicidad, y demás.

En cambio, hay quien piensa que felicidad es una sola y con la letra mayúscula.

Yo digo que felicidad es un proceso de elaboración, es una búsqueda que no termina nunca. Es una condición de bienestar, también por pequeñas cosas, una condición individual, y el motor de la búsqueda es el deseo.

¿Entonces?

Hay felicidad cuando se cumple un deseo. Y cuanto más fuerte es tal deseo tanto más grande se detecta la felicidad.

Pero he aquí otra pregunta: ¿qué es el deseo?

El deseo es falta, por tanto es necesidad de algo que falta.

Si miramos bien, toda nuestra vida es búsqueda de satisfacer una necesidad, bien material, bien espiritual, la que nos aprieta fuerte por su falta.

También la biografía de la humanidad está caracterizada por la búsqueda para dar respuestas a preguntas de necesidades que nos aprietan continuamente.

Las faltas son individuales y sociales. La historia se detiene sobre las sociales y la retórica dibuja como egoísmo la búsqueda personal.

Pero la felicidad no puede ser egoísta, porque por su naturaleza es individual y no ocurre que para alcanzar condiciones de bienestar tengas que ir en contra a la de otros, como si la felicidad se cumpliera en perjuicio de los extraños.

Por lo tanto creo que la felicidad individual es sano egoísmo, es verdadera virtud de los seres humanos porque trae salud mental junto con bienestar físico.

Claro que hay también felicidades colectivas, pero estas forman parte de proyectos de los partidos políticos de un Estado demócrata.

Esas felicidades se cuentan entre los derechos civiles y humanos y defenderlos es un compromiso de todo ciudadano.

Claro también que muchos deseos traen felicidad solo si hay gobiernos que favorecen los derechos más avanzados.

Al fin y al cabo ¿los derechos qué son sino deseos que quieren tener posibilidad de que queden satisfechos?

Hago unos ejemplos referidos al mundo LGTBI.

El deseo sexual mueve a mujeres y hombres a buscar felicidad para un placer compartido. Ese deseo une a dos personas y, si no hay obstáculo privado entre sí, los dos gozan juntos. Todos los Estados del mundo, aunque manera diferente, reconocen el matrimonio heterosexual.

Enseguida las cosas cambian apenas se trata de amor entre personas de mismo sexo.

La homosexualidad a menudo no está reconocida en muchos países y entonces la felicidad está prohibida y el deseo erótico homosexual no es igual al de las personas heterosexuales.

¡Lo que es injusto e inhumano!

Por lo tanto, un deseo privado está impedido porque no hay el reconocimiento de los derechos civiles y la felicidad en este caso no puede conseguirse.

¿Qué decir además sobre la felicidad que puede traer la libertad de género?

Si el deseo de alguien es no aceptar lo que el dado biológico le impone, es decir, si tiene aparato reproductor masculino, pero dentro de sí vive el carácter femenino, su equilibrio para la felicidad es vivir como mujer.

Querría también que los demás aceptaran su diferente condición de género.

Ser transexual no debería significar discriminación, y su deseo debería ser considerado digno de respeto como el de otros. Porque si él satisface el deseo de elegir su identidad de género, eso le trae felicidad.

Es obvio que si se encuentra en un Estado demócrata, que está adelantado en derechos civiles, como en España con la ley llamada Ley Trans, su deseo de elegir el género le facilita que gane felicidad.

Entonces ese asunto demuestra que hay unos deseos que para su realización están favorecidos si el entorno político y social los defiende por ley.

Está claro que tal vez tienes que luchar por deseos colectivos, si quieres ver satisfecho tu deseo individual.

Por eso el compromiso en el campo social y político es importante y el egoísmo se vuelve en motor de desarrollo de la civilización de la sociedad.

El derecho a tener satisfechos los deseos es derecho a la felicidad.

Cierto, las cosas se complican cuando se entra en asuntos más delicados, es decir, cuando el deseo que se quiere adelantar pertenece a otros sentidos y a otros intereses, y exactamente a lo que para muchos es ética y moralidad: son deseos que se enfrentan.

Así, por ejemplo, para las parejas del mismo sexo, mientras en algunos Estados es posible que se comparta su celebración del matrimonio, en los mismos Estados se pone más difícil la adopción de niños, tanto que se grita a la vergüenza si se habla del llamado «vientre de alquiler».

En este asunto el debate es muy acalorado. Sin embargo tenemos que zafarnos de prejuicios, y con mente serena pensar en cómo realizar el deseo de maternidad y de paternidad también en la pareja homosexual.

Por eso un rumbo que se puede seguir: el de los deseos que conducen a la felicidad.

Según mis pensamientos, entre todas las exigencias tiene prioridad la del deseo, porque su realización significa triunfo absoluto de la vida y respecto de la dignidad humana.

El factor discriminante, entonces, es hacer posible lo que el deseo quiere, porque lograr felicidad es la única y verdadera finalidad del sentido de vivir.

Otro ejemplo que ayuda para comprender cómo las ganas de felicidad empujan a la acción a los seres humanos procede desde el drama de los emigrantes que fallecen en el mar por el intento de alcanzar los países europeos.

Siento que ya nadie quiere recordar cuáles sean las motivaciones más profundas que empujan a muchísimas personas, mujeres, niños, mayores o jóvenes a enfrentar las olas del mar con peligro de ahogarse.

Antes de juzgar, antes de condenar, antes de tomar medidas en contra de los flujos migratorios, ¿por qué no preguntarse qué felicidad buscan?

Sí, porque todo emigrante busca la felicidad, como nosotros, es el deseo de bienestar, de condiciones de vida mejores, la base de una elección tan difícil y tan arriesgada.

Y así, por ver satisfecho el deseo, el emigrante está dispuesto a morir.

La biografía humana describe cómo la conquista del bienestar y felicidad no ha sido fácil ni lineal. El deseo se paga también con la muerte. Porque la felicidad llama en manera persistente.

Y no hay muros, no hay barrera de alambre de espino, no hay bloqueos navales que pueden detener a los emigrantes.

No es solo por pobreza, no es solo por guerra por lo que los ciudadanos marchan de sus países, es algo más profundo, es algo que traza la historia de la humanidad.

Lo dicho, ningún Estado jamás ha logrado detener en el pasado el movimiento de pueblos. Hoy, en Inglaterra, *La valla de Adriano* puede ser un símbolo de esta impotencia.

Todavía hoy no tenemos conciencia y se sigue muriendo en el Mediterráneo o en el océano Atlántico.

El deseo de felicidad es superior a la mezquindad y a la mirada corta de los gobiernos de los países de llegada.

Entonces, cada vez que un deseo se cumple, la condición de satisfacción hace gritar: ¡tengo la felicidad!

Sin embargo, los deseos y la misma felicidad tienen que enfrentarse con una variable muy importante de nuestra vida, la del tiempo.

Es el tiempo que está entre un bautizo y la despedida en el tanatorio el que marca el desarrollo de la búsqueda de la felicidad.

Durante cada etapa de vida hay deseos urgentes que te desafían.

Cuando en la vejez parece que no hay otro, sino que todo se acaba, de todas maneras sigue permaneciendo el deseo de la felicidad.

¿Qué felicidad es la que te parece dar el último toque a tu porvenir y a tus días?

De seguro es la felicidad que presume el deseo de vitalidad, una vitalidad conectada con todos los sentidos del cuerpo, los que desafortunadamente están pagados por la vejez.

Por eso hay resignación. Y los sentidos, que son el motor de la vitalidad, pueden parecer deslucidos.

Entonces se confía en el uso de unos fármacos.

Sería suficiente con no aceptar ese destino y apelarse a los sentidos, aunque de manera diferente.

En mi opinión, por ejemplo, el sexo tendría que ser siempre importante y jamás cerrar el gozo pensando que ha terminado el tiempo de la reproducción sexual. El sexo es muy útil, no solo cuando eres joven, sino también cuando envejeces, porque él aviva el cuerpo y lo hace vibrar más.

La seducción es vital, sea cuando ella actúa por ti, sea cuando tú eres quien se mueve.

La belleza sexual es alegría, aparta la decrepitud y hace soñar con placeres inmortales.

Lo tienes que creer, bien en la imaginación, bien en concreto a cada rato de tu vida diaria en la vejez.

En cambio, la biografía de la humanidad nos dice que el sexo es algo extraño, nada menos que expresión de lo obsceno y de lo indecente, sin sentido e irracional.

Tener en estima al sexo, en cualquier edad, es una puerta a la felicidad y hace parte de los deseos que a la vez son desconocidos para la mayoría.

La felicidad por el sexo es conquista, y esto no vale solo para jóvenes, sino para los que piensan en renunciar al amor por vejez.

Desgraciadamente, la crónica diaria nos informa de violencia por el sexo, violencia de género, una violencia muy lejana de lo que es el deseo sexual.

Porque un deseo que no trae felicidad, sino sufrimiento, agresión, odio, prevaricación es algo de muy diferente.

Es un falso deseo, de los que no pertenecen al desarrollo del bienestar y perjudican el logro de la felicidad.

Entonces tienes que defender los deseos verdaderos que nacen por necesidades de naturaleza y el sexo tiene que liberarse del poder, de los sentidos negativos como los celos, de toda forma de esclavitud, de sumisión, ni debe seguir distinguiéndose entre deseo físico y espiritual.

La felicidad sexual une el alma con el cuerpo.

El interés sexual al final aleja los malos pensamientos como el de la muerte, el fin de vida: un antídoto contra el acecho del miedo y de la enfermedad mental, que son un callejón sin salida hoy en día.

Entonces: ¡adelante con los intereses, con los compromisos, con un tiempo abierto, no cerrado por un corto o largo plazo, que tiene solo un poder ejecutivo, seguramente ni revocable, ni aplazable, pero puede ser aislado, porque la muerte es acta notarial, mientras que los deseos te conducen fuera de sus límites administrativos!

Ahora venimos a mi caso, al perro que viaja conmigo.

Teddy, mi mascota, no es sólo un perro que viaja conmigo, sino un perro que vive conmigo.

¿Qué quiero decir con eso?

Sencillamente que Teddy no me deja nunca a solas. Dondequiera vaya, sea por la calle o en casa por las habitaciones, él me sigue.

También en el cuarto de baño, o cuando me voy a la cama.

Sombra silenciosa y agradable.

Me ayuda para derrotar a un enemigo insoportable: la soledad.

Siempre listo para cada una de mis propuestas, a menudo parece preguntarme: «¿Qué hacemos ahora? ¿Qué propones?».

Su vida se envuelve en mi vida. Sin mí está perdido, se desanima.

La amistad con el perro es uno de los pilares de mi estrategia para buscar en la vida bienestar y felicidad. Otros dos pilares son: el amor por escribir y el de viajar con mi mujer y mi perro.

Remitiéndome al asunto del primer pilar: ¿qué significa la presencia del perro tan intensa en mi vida?

Además de, como dicho, hacerme compañía y permitirme vencer la soledad, el perro me ofrece la posibilidad de salir a la calle y de encontrar a otras personas, hablar con mujeres y hombres nunca habría conocido.

Después, estar con el perro favorece una interacción muy intrigante, porque me permite penetrar en el mundo de la naturaleza.

A mí me hace descubrir la potencia de la comunicación sin palabras, porque su lenguaje está hecho por muchas cosas que no son palabras, sino pequeños gestos, la mirada, el entorno ya conocido que se repite.

Sin embargo, puedo usar palabras con el animal porque le gusta mi voz, la reconoce y por supuesto entiende unas palabras, las que repito para hacer cosas que sobre todo él quiere.

Es como una sintonía importante, me hace sentir bien.

Es también una gran experiencia intelectual de conocimiento.

Sigo aprendiendo.

El mundo está lleno de acontecimientos, más de lo que se piensa. Y los animales animan la vida.

¿Cuáles deseos están detrás de mi amistad con el perro?

En primera instancia, nuestro profundo deseo de cuidar a alguien. Es deseo de todos los seres humanos; igual que estamos listos a odiar, así estamos preparados para defender, ayudar y cuidar a alguien.

En su evolución, el *homo sapiens* respecto a sus semejantes siempre ha sido o enemigo y adversario, o bien se ha unido y ha solidarizado logrando más éxito en la vida individual y social.

El progreso está en el cuidado, que trae bienestar y felicidad, bien para quien cuida bien para quien están cuidando.

Entonces, tener a una mascota es un deseo fundamental para mí y para los demás que han decidido adoptar a un perro.

Ocurre también que algunos van a la perrera y se llevan a los perros que más sufren, y tal vez son los mismos animales que otros seres humanos han maltratado o abandonado: son las dos caras del *homo sapiens*.

El perro, pues, no es solo guía del ciego, sino guía del ánimo humano por su necesidad de altruismo.

El movimiento físico es algo bueno para el ser humano, sobre todo desde que su evolución le ha hecho bípedo. El desarrollo del *homo sapiens* empezó ahí.

El caminar a largo plazo trae muchos beneficios, es el verdadero medicamento para el cuerpo, su fisiología y su esqueleto.

La ciencia médica recomienda a menudo el movimiento, y destaca los males de la vida sedentaria.

¿Cuántas enfermedades crónicas se deben al sedentarismo?

Durante toda la vida, desde la infancia hasta la vejez, es el estilo de vida el que ayuda a la salud de cada uno de nosotros.

No tenemos que olvidar la importancia de que si estamos sentados, el cuerpo entero se sienta.

Lo que a ciencia cierta no es algo bueno.

La red digital y las revistas muestran a personajes célebres entregados a las actividades físicas.

Entonces muchos, jóvenes y mayores, de género masculino y femenino, se matriculan en el gimnasio, a menudo para seguir cursos de atletismo.

Otros se zambullen en la piscina y nadan.

Pero lo que acontece es que después de algún tiempo, la mayoría se aburre y da fin a su compromiso deportivo.

Si tienes al perro, eso no ocurre, porque el perro te obliga a salir a la calle. Mejor dicho a la naturaleza, porque el perro quiere la naturaleza, la hierba y los árboles.

Con tu mascota, el día está muy pautado.

Por lo menos tres veces al día tienes que salir de casa.

Siempre, aunque tu pereza quiera retenerte en el sofá para leer el periódico o fijar los ojos en la pantalla del televisor.

Igualmente tienes que salir aunque el tiempo no sea favorable, bien hace mucho calor, bien llueve a cántaros.

Hay dueños que prefieren salir de madrugada, otros que esperan que el sol pegue en la cabeza.

Pero tenemos no olvidar los que hacen de su jardín el único lugar para su perro. Son los que viven en los campos o en la ciudad en un chalé adosado con jardín.

Estos dueños no sienten que haya que salir de casa con el perro: piensan que el animal está feliz, porque tiene un lugar para correr.

¡No, no es así!

El perro quiere ir, quiere el medioambiente para oler y encontrar otros animales como él. Para el perro no es felicidad estar en el corral o en el patio.

Entonces es fácil que el perro detrás de una red o de una cancela se vuelva un animal agresivo.

Cuando el perro está dentro de un recinto, su instinto animal es el de defender el territorio dejando los rasgos de humanidad que siguen saliendo paulatinamente mientras frecuenta a los seres humanos.

La relación entonces entre el perro y su dueño, si hay verdadera empatía, es útil para los dos.

Al fin y al cabo, lleva muchos años que el perro me permite cada día alcanzar los fatídicos diez mil pasos indicados por la aplicación en el móvil. Lo que ha significado bienestar y salud.

No tengo que controlar mi presión arterial, ni tomar pastillas para mantener mi sangre en equilibrio.

Teddy es mi herramienta de referencia para medir la presión arterial y el remedio para cada dolencia.

Mi médico de seguro ya no me conoce porque nunca voy a él para un chequeo o por enfermedad. Llevo años que no tengo nunca necesidad de ir.

Teddy además es el protagonista de los otros dos pilares de mi felicidad: escribir y viajar.

El cerebro se mueve por abstracción.

Y la abstracción es imaginación y libertad.

Sin imaginación, el cerebro sufre, y el malestar psíquico avanza. Los instintos prevalecen y el mundo se siente extraño.

Escribir y viajar son actividades parecidas, porque las dos exaltan la fantasía y hacen imaginar nuevas realidades que traen agradables sorpresas.

Mi perro me ayuda a escribir, porque cuando paseo con él corre la imaginación y los relatos aparecen.

Sobre todo es el comportamiento suyo el que atrae mi atención.

En él veo muchos comportamientos de cuando yo era niño, de mi relación como hijo con mis padres, sobre todo con mi madre.

Para mí esta nostalgia es fuente de energía creativa, indispensable para la literatura.

Doy saltos de alegría cuando de regreso a casa, me encierro en el despacho y los dedos van sobre el teclado sin parar.

Viajar es atravesar lugares que se imprimen en la mente y están allí siempre rápidos para salir cuando vuelves a llamarlos o cuando otros lugares los llaman porque son parecidos.

Pero si viajas junto a tu mascota, los paisajes se enriquecen de la presencia suya y el recuerdo tiene dentro sus rasgos de amistad y de vitalidad.

La que no se entiende, y me aburro oyéndola, es la pregunta: ¿por qué llevas contigo siempre a tu mascota durante cada viaje, y nunca la dejas en casa?

Porque el perro para mí es como la guía de la felicidad de los sitios que descubro y admiro.

No hay sitio sin perro, porque su presencia es el marco de los recuerdos, de aquellos que se guardan en el corazón como testimonio de la verdadera amistad.

Índice